U0467494

"全学习"课程改革与育人模式创新实践研究成果

大夏书系 | 教师专业发展

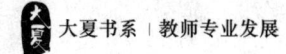

课堂高手是怎样炼成的

一位特级教师的教学观察与思考

李志欣 / 著

华东师范大学出版社

·上海·

图书在版编目（CIP）数据

课堂高手是怎样炼成的：一位特级教师的教学观察与思考 / 李志欣著.
— 上海：华东师范大学出版社，2023
ISBN 978-7-5760-4470-6

I.①课… II.①李… III.①中小学—课堂教学—教学研究 IV.① G632.421

中国国家版本馆 CIP 数据核字（2023）第 247542 号

大夏书系 | 教师专业发展

课堂高手是怎样炼成的 —— 一位特级教师的教学观察与思考

著　　者	李志欣
责任编辑	卢风保
责任校对	杨　坤
封面设计	芯　米

出版发行	华东师范大学出版社
社　　址	上海市中山北路 3663 号　邮编 200062
网　　址	www.ecnupress.com.cn
电　　话	021-60821666　行政传真 021-62572105
客服电话	021-62865537
邮购电话	021-62869887
地　　址	上海市中山北路 3663 号华东师范大学校内先锋路口
网　　店	http://hdsdcbs.tmall.com/
印 刷 者	北京季蜂印刷有限公司
开　　本	700×1000　16 开
印　　张	15
字　　数	223 千字
版　　次	2024 年 1 月第一版
印　　次	2024 年 1 月第一次
印　　数	6 100
书　　号	ISBN 978-7-5760-4470-6
定　　价	65.00 元

出 版 人　王　焰

（如发现本版图书有印订质量问题，请寄回本社市场部调换或电话 021-62865537 联系）

目 录
CONTENTS

序一　更辽阔的遇见　001

序二　校长如何指导课堂教学　005

第一章　善于化『教』为『学』

化"教"为"学"是课改方向　003

化"教"为"学"的课堂有多远　007

用好"负",做好"减",助力"学"　010

突破常态课"重教轻学"的习惯性　016

精准定位学生可见的学习目标　022

用活动为"教"与"学"搭桥　027

让教师以助学者角色开启教学　033

化"教"为"学"成为教学常态生活　041

第二章 精于启「思」成「品」

- 勿扰课堂学习者的思维秩序　051
- 营造让学生思维流动的课堂　056
- 任务驱动思维成果的产出　062
- 发现问题是解决问题的根源　066
- 新课堂应聚焦思维品质　070
- 思维课堂要有好的提问方式　077
- 以问题串培养学优生的思维能力　083
- 建构互动式的逻辑思维课堂　089

第三章 惯于驱「评」促「改」

- 活动反馈与活动评价的教学价值　097
- 让课堂反馈由不完善转化为完善　103
- 及时评价与反馈让学习智慧复演　107
- 合作学习需要构建开放的课堂　113
- 善用评价数据引导教学改进　119
- 用反思分析表促进学生学会学习　122
- 学习工具赋能学生更有效学习　127
- "双减"下表现性评价的应用　132

第四章 长于驭『术』优『艺』

做"巧"夺天工的教学设计　141

"探学情"比"赶进度"更重要　145

课堂细节的核心是"目中有人"　149

教学设计的"有舍有得"之道　153

学识和人格是吸引学生的本源　162

"严与爱"是管理艺术的基石　166

追求教学美与平衡的和谐统一　169

让风格成为课堂的独特标志　172

第五章 明于尊『律』寻『理』

课改走到深处是问题的探寻　179

真实发生"人与文本"对话　186

从生命的高度动态看待教学　195

换种思维方式领导学校教学　201

在校园里获得不好教的能力　205

让学习在校园任意时空发生　208

校园里人人是知识的传播者　214

给教师的二十条教学原则　221

后记　你当像蝴蝶飞在你的花丛里　225

序 一
PREFACE

更辽阔的遇见

写作者往往是意义的赋予者。

这一认识，我从李志欣校长职业行走的方式中又一次得到了加强。与教书、管理一样，写作也是他职业生活的重要部分。最近几年，他出版的多部著作都很畅销。他的故事、经验和思考也被越来越多的读者看见。

《课堂高手是怎样炼成的》这部书稿早就发给我了，李校长嘱我为他的新书写点文字。起初我是拒绝的，因为我的资历和文字都不足以为一本好书增色，生怕自己干瘪的文字影响了书的销量，但是，李校长的真诚让我只能硬着头皮应了。我唯有以真诚回馈真诚，写下我眼中的李校长和这本书的读后感。

与李志欣校长结识已经20年了。那个时候他在山东东营，我在河南郑州。他是我的作者，经常在我当时供职的《教育时报》发表文章。

13年前，我来到北京，在《中国教师报》做着相同的工作；9年前，他也来到了北京，进入北京市育英学校工作，又成为《中国教师报》的作者。因为都从外地来京，自然多了一份相同的心理背景。于是，我们时不时就会小聚一下。

"晚上有空没？"微信里经常会突然弹出一条来自他的信息。

我只需回应一个表情包，他就领会了意思，于是我们约一个地方"把酒论教育"。这似乎是心照不宣的默契，每一次我们都相谈甚欢。

我知道，他在山东利津县北宋镇实验学校做校长时，就通过"'零'作业下的教学改革实践"将一所薄弱的乡村学校推向了新的发展高度，这一成果后来荣获首届基础教育国家级教学成果二等奖。待他到北京市育英学校密云分校做校长时，我去看望他，在那里看到了一所薄弱学校快速崛起的另一种样态。在这里，他构建以学习为中心的支持多样化学习的教育模式，即"全学习生态系统"——运用学校文化、空间和环境，丰富学习资源，支持"多种学习方式与终身学习"，满足学生学习、生活的生理与心理需求，促进学生自我学习，培养其发现问题、解决问题的能力。他带领教师读书、写作，做课题，他和学校不少教师先后在《人民教育》《中国教育报》《中国教师报》等报刊发表文章。2019年，"'全学习'课程改革与育人模式创新实践研究"获北京市基础教育课程建设优秀成果一等奖。那一次，我以"'微改革'的胜利"为题，采写了一篇薄弱学校崛起的报道。

因为李校长总能让薄弱学校快速蝶变、转身，因此在业界有人称他是"改薄校长""改薄强人"，而我更愿意将其定义为"务实的理想主义者"。他对教育心怀热情，且自带改革者的勇气、胆识和智慧。李校长做教育不是"在低空里飞行"，有时候他是诗人，用诗歌为教育注入浪漫，有时候他是"学人"，用理论观照实践，但更多时候他是"达人"——化解困难的达人，遇到困难时不是被困难定义，而是集智攻关，做复杂问题的解决者。毋庸讳言，他的"改薄之路"，就是他的"为学、为事、为人"之路，就是他用真诚唤醒团队、用写作塑造共识的治校之路。

说完我眼中的李校长，再来说说他的新书。《课堂高手是怎样炼成的》这本书里不仅有好课的课例解析，有承载新课标理念的经验呈现，也有课堂变革里的故事与思考。这本书告诉我们，要成为课堂高手至少要关注如下三个方面。

一是高处瞭望。所谓高处瞭望，就是用好"望远镜"看课堂，能跳出教学看教学，能站在育人高度审视教学，无论是备课还是上课，都能以育人为导向，以课改为方法，把人置于教学的核心地带，通过课堂看见人，通过教学发展人，以"爱人"之心，做"育人"之事。当教师眼中有人时，许多问题都会有另外的答案。正像顾明远先生所言，"从育人着眼，做的事再小，也是教育；反之，做的事再大，也不是教育"。

所谓高处瞭望，按照李校长书中所阐释的，还指向"跳出教来审视学"。一直以来，我们一直在"教"的逻辑里难以自拔，迷恋"教"，遮蔽"学"却不自知。正像书中第一章给出的建议，学校要把教室变学室，教师的职责是"导学"，而不是"教学"，要化"教"为"学"。我想，只有站在高处瞭望，才能减小教学落差，进而通过教与学的变革回应育人模式之变。

二是深处实践。所谓深处实践，就是用好"显微镜"看课堂，不断降低课堂教学改革的颗粒度，从粗放到精细，从浅表到深刻，让课堂教学改革不断迭代、不断纠偏、不断深化，让教师贯通地教，让学生深度地学，让课堂体现出"低结构、中温度、高生成"之美。书中谈到的倾听的细节、提问的细节、合作学习的细节等，无不体现了缩小颗粒度的意义，即"颗粒度越小，呈现的细节越多，教学的能见度越高，改革则越深"。伴随着教育部《基础教育课程教学改革深化行动方案》的印发，"深处实践"的重要性不言而喻。

三是宽处漫溯。所谓宽处漫溯，就是用好"广角镜"看课堂，对教学要有全景视野。课堂教学改革只有向更宽处漫溯，才能使核心素养更好地落地。李校长提出的"全学习"理念就是全景视野的体现。除此之外，书中的不少篇章同样彰显了其视野之宽。山东杜郎口中学、江苏东庐中学、北京十一学校等改革典型都是他观察研究的样本；格兰特·威金斯和杰伊·麦克泰格所著的《追求理解的教学设计》、普拉卡什·奈尔的《重新设计一所好学校》等书都是他信手拈来的素材。就像"所有读过的书，在未来都会成为心灵的血肉与灵魂的骨头，成为你未来的样子"一样，李校长所有涉猎的信息，都在不同时期、不同程度地支持着他课堂改革的行动。

课堂高手的修炼当然不止以上三点。在李校长眼中一定还有对教育的"敬畏之心"。这一点是我从他的后记读出的。在后记中，李校长借用了菲利普·W·杰克逊在《课堂生活》中一句充满诗意的话："教育进步的路径更像是蝴蝶的飞行轨迹，而不是子弹的路径。"这句话启迪我们，教育进步不是线性发生的，要时刻保持对教育复杂性的敬畏之心，因为敬畏教育比热爱教育能让我们走得更远。

这本书不只是一本理念之书，还是行动之书，因为书中的每一篇文章都携带着现场感。一位优秀的作者不仅能基于"信息差""认知差"来写作，还能基于"行动差"来写作。李志欣校长就是这样，认知在不断迭代，理念在不断更新，又极具行动力。因此，书中所提供的不仅是有思想的方法，还有更多有方法的思想。

读书就是读人。我以我们20年的交往向读者交付一种信任，李志欣校长是一位值得走近，且容易走近的人。这本书也一样。

如果说成长的本质是相遇，那么，我期待有更多读者能遇见这本书，也期待读者在这本书里有更辽阔的遇见。

褚清源

《中国教师报》编辑部副主任、《现代课堂周刊》主编

序 二
PREFACE

校长如何指导课堂教学

和李志欣校长有过两次谋面，好学而踏实。

网上不时有他的相关信息，知道他在山东省东营市利津县北宋镇实验学校当过校长，后来到北京又从班主任干起，先后任过北京市育英学校副校长、北京市育英学校密云分校校长，现在首都师范大学附属实验学校工作。

在山东当校长期间，主持的"'零'作业下的教学改革实践"2012年荣获山东省政府教学成果一等奖，2014年又荣获教育部首届教学成果奖评选二等奖（在今天"双减"的背景下，可以看出其领先的意义和价值）。在北京市育英学校密云分校工作期间，实践研究的"'全学习'课程改革与育人模式创新实践研究"又在2019年获北京市基础教育课程建设优秀成果一等奖。课题研究成果曾被《江西教育》与《教育时报》辟专栏进行介绍，已出版《优秀教师的自我修炼：给青年教师的成长建议》等教育著作。由此知道李校长是能敏锐抓住实践问题进行研究和变革，通过研究探索教育新路的一位校长。

这一次，他的新作《课堂高手是怎样炼成的》结稿，让我看看，我有了先睹为快的机会。

这是李志欣校长走进课堂的所闻所见、所问所察、所感所思、所行所为的记录，用案例展示一位校长如何走进课堂指导教学，同时也指引教师如何改进课堂成为课堂高手。

教学是学校的中心工作，课堂是实施课程、展开教学的主要场所，提高办学质量必须以研究和改进课堂教学为基础，校长的办学思想也最终要通过课堂教学活动来体现和实现。可以这样说，没有教学改革方向的研究、指引和影响，不具有清晰而明确的教学指导思想，校长至多只能说是一个优秀的学校管理者，而不能成为一个杰出的学校领导者。但校长如何深入课堂，又如何指导教学？这是不少校长需要进一步思考和有所改进的。

校长进课堂有两个意思，一是校长进课堂上课，二是校长进课堂研究教学。对于校长是否承担教学任务，其利弊需要视具体情况分析，不能一概而论。对于校长进课堂研究教学，我认为这应该是校长最为核心的工作任务和职责，这一点是不容置疑的。

校长进课堂有两种角色定位。作为管理者的角色，校长进课堂可能有两个目的：一是调查研究，发现问题，以获得学校教学改革的方向启示和决策依据；二是检查评定，检查教学常规和教学效果，并对上课教师的教学态度、教学水平和教学效果做出评判，有时甚至需要分出等第。从教学研究活动参与者的角色看，校长进课堂的主要任务是参与到教师中间，共同研究和解决教学活动中面临的问题，共同探讨教学创新。在这个过程中，既促进教师的专业发展，又实现校长的自我提高。这种提高以校长与老师们在平等对话的过程中，能够分享教师的教学经验为基础，同时提供教学改进的意见，促进教师不断成长和进步。

本书中的李志欣校长定位于教学研究活动参与者，用平等的姿态参与，用指导的方式为老师提供帮助。指导指导，有指有导。指是方向性、原则性的，具有思想引领性；导是方法性、操作性的，具有示范性。书中有化"教"为"学"、重视思维、目中有人、有舍有得、追求平衡等课堂教学思想的指引，更有经过亲身观察、仔细分析而提出的具有实践操作价值的意义和建议。相信读者会各有所取、各有所得。

就我看来，理想课堂是永远值得追求，但又永远难以抵达的"彼岸"。愿我们一起共同努力！

是为序！

陈大伟
成都大学教授

第一章

善于化"教"为"学"

导语

什么情况下,孩子会主动学习,热爱学习?

我们先来看下这组对比:一个爱学习、习惯于主动学习的孩子,在遇到难题时,大脑启动的是应战机制,他会想各种办法去解决问题。而学习上消极被动的孩子,在遇到难题时,大脑首先启动的是应付机制,要么乱写一通,要么直接放弃,告诉你"我就是不行""我做不到"。

柏拉图说过:"教育者只能给予推动,使学生自己去找到必须认识的东西。"如果学生每天疲于应付,就会很快抹杀其天性与潜能,磨灭了学习的快乐与好奇。孩子的好奇心来自家庭、学校、社会等多方面复杂的因素。从学校层面,笔者呼吁:能否把"教室"改为"学室"?能否将教案与学案融为一体?能否让课堂呈现出多维度立体的对话交流方式?……这些思想的萌芽或是行动的探索,最终目的是让学生养成规划自己学习的习惯,培养对自己负责的意识,实现更加主动地学习。

教师更应该是一个助学者角色,如此便将教师由"讲台上的圣人"重新定位为"站在边上的指导者",教师是学生的"咨询顾问",而不是学生的"老板或是经理人",从主要承担讲的责任变为引导出意义创造和观念检验。在课堂上,学生可以"对得很漂亮",也可以"错得很有价值"。

要让学生"会学",教师就须将目光从单一关注内容向关注学法指导转变。学习知识的目的是要解决问题,教育者努力使自己不被需要,学生更加独立才能真正有收获,教学相长才能让教学的魅力大放异彩。

化"教"为"学"是课改方向

与朋友谈及儿时上学的趣事时,忽然忆起那时流唱的儿歌《读书郎》,仿佛就在耳边,便一起吟唱了起来:小嘛小儿郎/背着那书包上学堂/不怕太阳晒/也不怕那风雨狂/只怕先生骂我懒哟/没有学问那无颜见爹娘/嘟里格嘟里格隆咚锵/没有学问那无颜见爹娘/只怕先生骂我懒哟/没有学问那无颜见爹娘//小嘛小儿郎/背着那书包上学堂/不是为做官/也不是为面子光/只为读书求学问呀/不受人欺负呀不做牛和羊/嘟里格嘟里格隆咚锵/不受人欺负呀不做牛和羊……

吟唱结束后,着实让我们这些学生时代已远去的成年人激动了一阵子。当时的读书郎有理想,为了不做牛和羊,为了自己的爹和娘,为了不让先生骂他懒,那种对读书的渴望,那种学习的快乐,真让我们现在的孩子羡慕。看看我们今天的"读书郎"们,有的从小学就戴上了近视眼镜,有的书包重得自己都背不动,作业做到深夜,每天考啊考,甚至被剥夺了运动的权利,整天疲于应付。这种学习抹杀了儿童的天性与潜能,磨灭了学习的快乐与好奇,从而没有了以前歌曲中小儿郎读书的主动性和坚韧性。

歌词中有一个词也很让我感兴趣,那就是学堂。在我国古代,好像孩子学习的地方就叫学堂,这让我产生了一种联想:学堂可以突出"学为中心"的理念,在前辈们的文章中,我们常常能"听到"琅琅的读书声。而当下学校里面都有一间间供学生学习的场所——教室,给人的感觉是以"教为中心",过分强化教师"教"的功能。

新课标可以说是新时代教育的一个航标,为我们提供了新的思维,让我们不得不重新思考当下的教育。的确,我们的教育,在崇尚改革创新的时候,也应该有所回归,我们的一些优秀的传统经验,不应该被完全抛弃。今天,我们的"教室"是否可以改为"学室",让琅琅的读书声重归我们的课堂?

我们从小上学经历的三个学段"小学、中学、大学",命名就很科学,因为它不叫"小(中或大)教"。又如,把求学者称为学生,是适合的;而把教学生的先生称为教师,值得反思,因为它好像只点明教师的任务主要是"教",没有赋予教师这一职业学习成长的责任和义务。难怪大部分教师缺乏学习的习惯和成长的意识,也难怪现在学校都在倡导和推动教师要学习、要读书、要成长。教师的"教"和"学"都很重要,《礼记·学记》中的"教学相长"就是对此思想的很好的诠释。我认为(仅限本人观点)教师也有必要改改名字,就叫"学师"吧。研究生们的老师叫"导师",是值得认可和推广的,它彰显出老师的职责是"导学",而不是"教学"。

写到这里,我又想起几年前江苏东庐中学的"讲学稿",当时全国不少地方都在学习,不无道理。老师把教案和学案融为一体,师生共用,重视前置预习,提升了课堂效率。这种改革,不只是形式和内容的一种变革,更重要的是一种教学思想的变化,它带来的是教师的教学行为的变化,学生的学习方式的变化。

山东省利津县北宋镇实验学校曾经进行了一次大胆的改革,即彻底取消老师沿用已久且得心应手的教案,发挥团队的优势和潜力,推出了新的教学设计方式,即学习指导纲要(如果大家感兴趣,可以加微信号 zxhy,联系作者借阅案例与操作解读文本)。

一是每一节课备课组都精心设计学习指导纲要。本节的知识点均在纲要上以问题和任务的形式展现出来,同时将教材、教辅等教学资料上相关的训练题目精选后融合在纲要中。纲要印发给相关的每位学生和老师,学生预习时以纲要为依据,老师的教案由纲要代替,学生课堂活动的设计及重点强调的内容写在纲要的空白处。学习过程的重心由重课后训练转变为重前置预习,学生在课堂上真正实现自主、探究、合作学习。学生通过自主预习，学会一些基础的知识，有难度的问题在课堂上借助纲要进行合作探究，确实解决不了的问题，再由老师帮着精讲点拨解决，久而久之学生就会形成自主学习的习惯和品质。学习指导纲要的结构为：目标定向、学生先学、合作探究、点拨拓展、反馈评价。

二是班级学生分成5～6个学部，分别由任课老师担任导师，同时选出一名首席组长，每个学部由导师和首席组长共同负责。每个学部划分3个小组，由组长负责，每个组员都是某个学科的代表。学部之间、小组之间，展开全方位合作与竞争。小组发展情况，要和学生综合素质评价挂钩。

这样，教案变为学习指导纲要，充分发挥小组合作互助的功能，实现课上高效学习，课下自主学习，彻底改变了老师和学生的固有关系，改变了教与学的方式。

又如校长听课的方式，也可以由过去过分关注老师的"教"转变为主要观察学生的"学"，我把这种听课方法叫"课堂学习走访"。听完课后，我总是把观察到的情况反馈给学生和老师，让学生知道上课时的优点和缺陷，这些是执教老师和学生本人无法直接体验发现的，很有价值。

例如，我在观察了孙华凤老师的课后，及时把学生参与课堂的情况反馈给学生，赢得了学生长时间的掌声。我对学生说："这节课同学们都能积极配合老师，非常投入，效率较高，但是，有一点我认为你们好像做得不够：我在你们孙老师讲课的同时，在班里走了一圈，发现只有一个女生把老师讲的和你们讨论的要点迅速记录在她的笔记本上，其他所有的同学只是单纯地听，不知道动手。我认为你们没有充分利用课堂上所有的时间，使课堂效率大打折扣。建议同学们养成勤动手、勤总结的习惯，好记性不如烂笔头嘛。"

回到孙老师的办公室，我又与孙老师进行了交流。我说："在课堂上，您曾经好几次让学生讨论、整理、提问，但遗憾的是，您因为赶教学进度，没给学生留下时间或留下充足的时间进行思考或整理。为什么大部分学生不知道动手呢？"听完我的话，孙老师陷入了深思。是的，学生的学习习惯取决于老师的教学方式，学生的懒是老师太勤造成的。这种听课方式的变化，赢得了老师和学生的欢迎。

北京市十一学校的课程改革，其中一个领域是让教室成为学科的领地，成为学科学习的重要载体。学科教室的建设，按照学科学习的需要配置资源，依据学科学习的规律装点环境，努力创造条件让学生能够手脑并用，听说并重，学习生态自然平衡而和谐，这是化"教"为"学"理念的一次大胆且成功的探索。

课堂教学的基本假设，一是在教师的帮助下，学生能够独立进行自主学习；二是教者可以是教师，也可以是学生，还可以是文本、实验以及网络教学资源等；三是总有一部分内容学生自己能学会，学科、年级、学生不同，能学会的内容有所不同；四是任何学生在学习任何知识之前，头脑里都不是空的，都有他们原有的知识和经历；五是学生之间的差异不仅体现在知识与技能、过程与方法上，还体现在情感态度与价值观上，学生的差异有的能分层，有的分不了层；六是一种方式、方法、手段不能适用于所有课堂教学，恰当的方式、方法、手段能提高教学效能。

高质量的教学是为学生提供学习和思考的机会，让他们清晰地、深入地理解最重要的信息、概念和原则为什么是有意义和有用的；引导学生理解何处、如何和为何运用所学到的东西；从情感上和认知上介入，让学生对学习内容和方式有兴趣，至少感到满意；将学生置于学习的中心，与学生的多种经验和生活关联；让学生迁移、应用和拓展所学的东西来解决问题。

依据以上丁玉祥老师在其讲座《高质量学习发生与学习内驱力的激发》中提出的课堂教学的基本假设及高质量教学的标准来看化"教"为"学"，有必要且大有学问。这是时代发展的需要，是教育高质量发展的必然选择。

化"教"为"学"的课堂有多远

走进罗蓉老师的一堂语文课,这是一节文言文公开课,课题是部编版语文八年级下册《核舟记》。评课时,大家多是对这节课的精心设计予以肯定和褒奖,但罗老师自己却有点失落,她说:"因为学生的课堂状态没有达到我设计时预想的效果。"这让我再次思考近期一直盘旋在头脑里的问题:化"教"为"学"的课堂到底有多远?

本节课"教的活动"比较有结构,相对比较完整。比如:"情境导引"板块,罗老师挑选了两幅微雕艺术图片,希望把学生带入微雕艺术的情境当中,进而引入到本节课的学习。"思维对话"板块,罗老师设计了四个任务:一是整体感知,学生用自己的话简要复述文章第2—5自然段的内容,其他同学在纸船上画出示意图;二是提取文章信息,学生仿照例句提取文章信息,概括核舟的特点;三是赏析语言,学生先独立思考,再以小组为单位选择印象深刻的语句进行赏析;四是理清说明顺序,学生圈画表示位置的词语,理清文章说明顺序。可以说任务由粗到细、由浅到深、由易到难、由具体到抽象,为学生搭建了一个个学习的台阶。"拓展迁移"板块,罗老师同样给学生创造了一个情境——在微雕作品展览馆里,陈列着王叔远雕刻的这只核舟,作为讲解员的你,请依据一定的顺序,向参观的游客们介绍这一奇巧的作品。可以说"教的活动"看起来是比较完整的,有导入,有过程,有小结。

那么,从学生学的角度来看呢?我觉得学生"学的活动"则是零散的,结构性较差。在课堂里,当罗老师抛出"在小小的桃核上,色彩丰富,有石青色、墨色、朱红色。妙哉！"这一例句，让学生依据文章内容进行仿写时，学生的表情是迷茫、是紧张、是不知所措。可见，对任务的表述不够清楚，学生不明白这个例句有什么用，自己要做什么，从哪些角度在文中搜集信息。有的环节不乏学生发言，但前一个学生的发言和后一个学生的发言相互之间没有关联，学生仅仅是在表达自己的思考，不会倾听，没有思想的碰撞，更谈不上课堂生成的火花。有的环节也有学生四人小组的讨论，但前一次小组讨论和后一次小组讨论几乎也没有关联，可以用"各自为战"来形容。而且，为了"赶时间"，罗老师提出一个问题后，只有寥寥几个学生举手，罗老师虽然意识到需要等待，要给学生足够的时间思考，说了句"我们再等等其他同学"，但没过20秒，就找举手的学生回答了。也就是说，"学的活动"只是在"教的活动"的间隙，零星地、零散地、不成结构地进行着，可以感觉到，罗老师在课堂上只关心自己的教学流程是否清晰，衔接语言是否流畅，活动组织是否顺畅，而全然没有顾及学生学的状态——是否清晰理解了老师发出的指令，是否认真倾听了其他同学的发言并反思、质疑，是否真正在活动中有真实的思考和更深、更新的认识。

此外，这节课"教的活动"相对来说比较丰富，比较多样。比如，有教师创设情境的导入，有学生折的纸船教具，有多媒体演示，有课外诗歌的拓展性资源。但从学生学的角度来看，"学的活动"非常机械、呆板与单调。在这堂课中，"学的活动"基本上是以下几种：一是教师讲，学生听。二是教师问，学生答，回答方式是谁举手谁回答，有的学生一节课甚至回答了三四次，这样一来，不举手的同学课上没有紧张感，就很容易游离于课堂之外。三是教师播放多媒体课件，学生看。四是教师提问，学生进行小组讨论，但讨论时间不够，且个别学生没有参与，教师并没有关注到。

格兰特·威金斯、杰伊·麦克泰格所著《追求理解的教学设计》一书中提到传统设计的两个误区：第一种类型是"活动导向的设计"，这种设计缺乏对存在于学习者头脑中的重要概念和恰当的学习证据的明确关注。学生们认为自己的任务只是参与，认为学习只是活动，而没有对活动意义的深刻思考。第二种类型就是"灌输式学习"，即学生根据教材（或教师通过课堂讲稿）逐页进行学习（讲授），尽最大努力在规定时间内学习所有的事实资料。因此，"灌输式学习"就像是走马观花式的旅游，没有总括性目标来引导。

我认为，这堂课，陷入了上述两个误区，罗老师在备课时精心设计各个环节，提炼问题，却忽略了学生"学的活动"，忽视了学生在课上的思维节奏、真实状态和课堂生成，忽视了学生与文本、同学之间的思维对话。一味地赶进度，课堂成为一场以教师为主角的表演，教师在流利地背诵提前准备的台词，学生只是在跟随，没有思考、没有目标、没有方向，这就颠覆了学生的主体地位。

当然，在这里我并不是完全否定这堂课，本节课在设计上确实是下了很大功夫，也有可圈可点的地方。需要反思和改进的，就是看清化"教"为"学"的活动到底有多远，找到缩短二者距离的有效做法，让课堂真正以学生"学的活动"为基点，真正关注学生的实际获得。教师在课堂上要帮助学生主动学习，为学生搭建学习的支架，让他们能拾阶而上，主动思考，让深度学习真实发生。学生的学习活动应与任务相结合，创建真实的教学情境，让学生带着真实的任务学习，使学生拥有学习的主动权。

同时，学生在课堂上学会倾听，敢于质疑，在思考—表达—倾听—质疑—反驳—求证等一系列的思维对话中，语文核心素养呈螺旋式上升，从而实现思维的建构与运用，审美的鉴赏与创造，思维的发展与提升，文化的传承与理解。学生的学习不单是知识由外到内的转移和传递，更应该是学生主动建构自己的知识经验的过程。

其实，解决之道就是教师在进行目标设计时，从文字或话语表达上让学生在开始学习前就知道学习最终的结果究竟是什么，消除学生对教师告知现成结论的依赖性。这样，教师就会养成"以学定教"的素养，实现化"教"为"学"的教学观念与行为转型，学生就会养成规划自己学习的习惯、更加主动学习的精神。

用好"负",做好"减",助力"学"

我负责落实学校"双减"的工作,当看到几个老师做的一组关于"双减"作业方面问卷调查的分析数据后,我顿感"压力山大"。在教育大发展的今天,是什么让学生、家长的负担如此之大?为什么关于"双减"的呼声如此强烈?是单纯的教育"内卷"现象还是有更本质的根源问题?好奇感与探究心驱使我打开"负"的潘多拉盒子,努力去思考怎样才能用好"负",做好"减",让孩子在学习上收获满满的幸福感,让教育回归本真。

一、"负"从何来

数据分析更能准确再现学生的心声,就让我们从统计结果中一探究竟吧!经过老师们的精心设计,在同学和家长们的配合下,通过在线调研的形式,最终我们得到了学生每天在校完成老师布置的书面作业情况的数据:

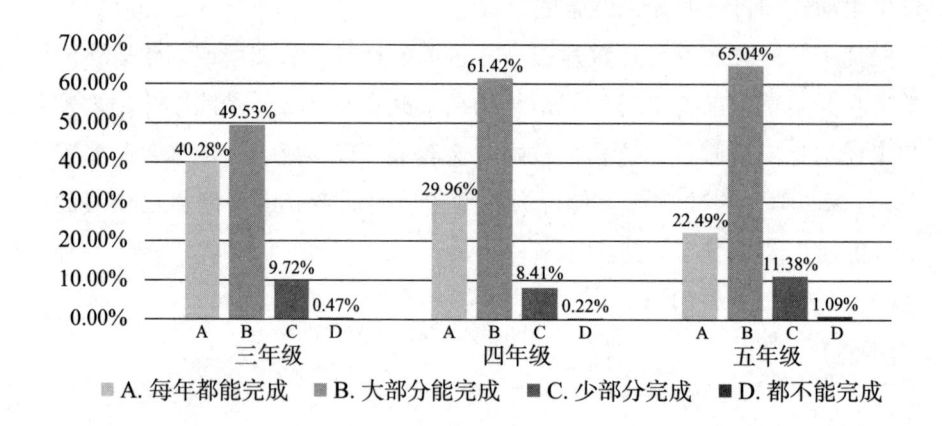

年级	A.每天都能完成	B.大部分能完成	C.少部分完成	D.都不能完成
三年级	40.28%	49.53%	9.72%	0.47%
四年级	29.96%	61.42%	8.41%	0.22%
五年级	22.49%	65.04%	11.38%	1.09%

从上述统计结果我们可以看出接近90%的学生基本能够在校完成老师布置的书面作业。这让"双减"背景下的我们不禁松了一口气，孩子们终于可以减"负"了。但是看到下面的数据，我们又不由得紧张起来。

我放学回家后作业量最大的是（　　　）。
A. 学校作业　　B. 课外班作业　　C. 家长布置的作业　　D. 自主安排的作业

内容	人数	百分比%
A. 学校作业	276	22.42
B. 课外班作业	394	32.01
C. 家长布置的作业	418	33.96
D. 自主安排的作业	143	11.62

分析调查结果，可看出原来学生肩上的"负"不单单来源于学校，来源于老师的课堂。"负"从哪里来？这才是实现"减"的突破点。"负"是如何产生的？这才是为学生减"负"的我们最应该思考的问题。学校想尽办法在课堂增质提效方面进行努力、精心设计作业，目的就是给学生放学后减"负"，可是却事与愿违。尽管学校布置的作业在减少，可课外班和家长布置的作业却增多了。所以，学生真的减"负"了吗？学校为学生减"负"费尽了"苦心"，但是家长对孩子的要求并没有降低。随着高学历家长的数量和比例的增加，"教育内卷"逐渐成为风靡家长圈的奇怪现象。对孩子教育的投入和攀比，让内卷成风，所以孩子们的校外压力越来越大。可是，这些来自校外的压力和内卷对孩子来说是他们想要的吗？对他们的健康全面成长真的有积极向上的作用吗？再来看下面这组数据。

（　　　）对我的学习帮助大。
A. 学校作业　　B. 课外班作业　　C. 家长布置的作业　　D. 自主安排的作业

内容	人数	百分比%
A. 学校作业	648	51.92
B. 课外班作业	361	28.93
C. 家长布置的作业	183	14.66
D. 自主安排的作业	56	4.49

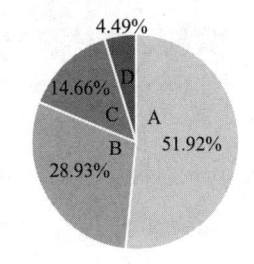

从这项调查结果来看，学生认为学校作业对其帮助最大，课外班作业、家长布置的作业的作用并不是那么大，可是这两种作业却占据了孩子们放学回家后的大部分时间。在孩子们心目中所有作业形式中的"自主安排的作业"却被学生认为是对他们帮助作用最小的。自主安排作业，目的就是让学生拥有更多自主的空间，能根据自己的实际情况安排最适合自己的作业内容。可是，最终的结果却是作用最小。究其原因是学生在实际生活中几乎没有了自主安排作业的时间和精力，所以他们也无法享受到自主学习带来的成果。

从学生对分层作业喜欢的程度（见下图）及原因调查中，我们发现孩子们纯真的心声：他们很喜欢分层布置作业的形式，因为这样可以满足他们不同的需求。例如，有的学生觉得自己能力有限，将基础题和中等题出色地完成就达到了自己的目标；有的学生的基础特别好，基础题已经掌握得特别好，他们可以跳过基础题直接从中等题做起，既节约了时间也提升了自己。但是其中也暴露出许多问题：好多家长不管不顾自己孩子的能力水平，让其必须完成ABC所有难度层级的作业，如果完不成就给孩子疯狂报课外班进行补习，课外班再留很多作业，导致孩子回家后的时间越来越紧张，加之休息不好，最后形成恶性循环。

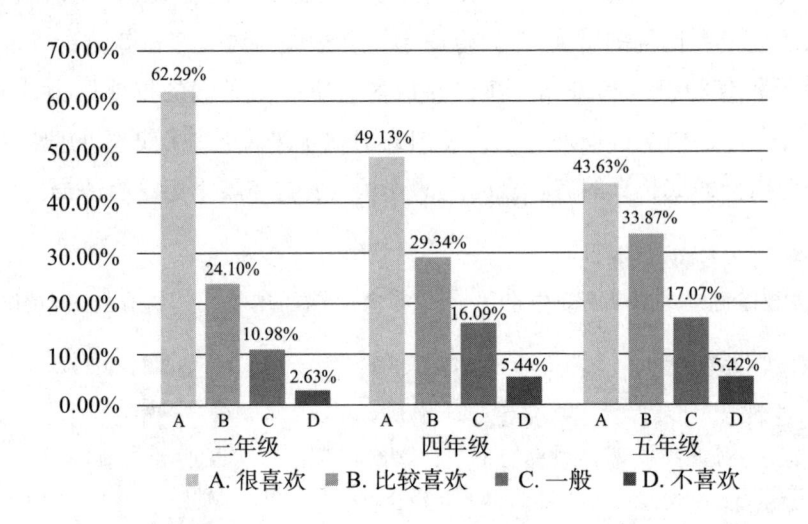

年级	A. 很喜欢	B. 比较喜欢	C. 一般	D. 不喜欢
三年级	62.29%	24.10%	10.98%	2.63%
四年级	49.13%	29.34%	16.09%	5.44%
五年级	43.63%	33.87%	17.07%	5.42%

总之，从所有的调查数据中我们发现孩子们渴望自主，但是家长的期望、课外班的压力给他们带来了额外的焦虑和负担，这种负担急需被减掉。

二、"力"在哪里

要想真正为孩子们减掉不必要的负担，让教育回归学校和本真，那我们必须根据科学的数据分析，找准解决问题的发力点，寻求各个方面和层面的配合，形成解决问题的合力，最终高效解决问题，真正让孩子在幸福感中学习和成长。

现阶段，中小学生是未成年人，学校和家长理应担负起教育和监护孩子的责任。无论是家长还是课外班目前给孩子带来的负担，我们从积极的角度来看都是对孩子教育负责的表现，只是这种责任心有时缺乏合理性和科学性。所以我们应该重新认识和分配教育责任。但是这绝对不仅仅是家长和课外班的事，作为主流教育引领者的学校要对他们进行科学合理的引导。同时，学校要进一步提高学生的学习能力和学习成绩，增强家长和学生对学校教育的信心。

三、如何减"负"

（一）家长层面

家长首先要从心理上相信学校，相信孩子具有无限的可能。学校的老师有丰富的教育教学经验，他们一定会给予学生最无私的关爱。家长需要做的是起到鼓励陪伴的作用，引导孩子自主学习而不是硬性额外布置作业。要让孩子在自主中学会学习、学会规划。孩子的自主规划的过程也是形成责任心的过程。所以，作为家长，在平时的教育引导中要教会孩子形成对自己负责和对他人负责的良好习惯，进而学会自我管理、自主进步。

（二）学校层面

通过调查发现许多家长很希望孩子可以形成自主管理、自主学习的习惯，但是由于没有从小树立起这种意识，当意识到自主能力不足时，就会出现无从下手的焦虑现象。作为学校，应该主动承担起培养学生习惯和为家长排除教育困惑的责任。其实，教育就是要从日常小事入手，相信学生，大胆放手。让学生在班级管理和自主管理中逐渐形成良好的习惯。家庭是孩子的第一所学校，所以家庭教育对孩子形成良好的习惯也起着至关重要的作用，我们不能忽视家庭教育的作用。学校要充分利用已有资源和开拓新的教育资源，利用家长会、家长教育问题咨询热线等方式对有需求的家长提供培养孩子的科学指导和帮助。学校要和家长形成培养孩子良好习惯的教育合力，共同为培养出更优秀的孩子而努力。

（三）学生层面

个人成长的诉求是提升自我最快和最有效的方式。所以，从学生角度而言，要主动树立培养自己自主学习和自我管理的意识，在日常生活和学习中不断争取锻炼自己的机会。同时，作为学生要及时向家长和学校反馈自身的真实情况与愿望，寻求必要帮助。也要严格要求自己，形成自律习惯，杜绝只有督促才能学习成长的现象！

学校、家长、学生三者只有形成合力才能用好"负"，为学生减"负"的同时为他们增加学习成长的幸福感，最终才能让教育回归学校，回归本真！

陈大伟教授说：我认为中国教育的最大问题是"智及而不能仁守"。比如，很多人都认识到现在学生课业负担太重，学生的社会交往、社会活动时间太少，可一旦涉及自身利益，往往就缺乏一颗仁爱之心、关爱之心，不能坚守那些真正对学生有意义的事，所以很多时候是"仁心不足"。我认为，好的教育要回归"见义勇为"，看到对学生真正有价值的，我们应该把自己的利益放一放，多为学生考虑。

我有自己一直坚持的观点：学校要主动自觉行动起来，直面现实问题，动真碰硬，体现出教育工作者应有的责任担当。"专业减负"的原点应该是课堂改革的高效益。

追求课堂高效益的本质就是做到化"教"为"学"，需要教师转变观念，由重教到重学，重问题的生成、思维的碰撞、精彩观念的诞生、当堂的反馈与达标等。当教学中该完成的任务在课堂就能解决时，教师布置的课下作业就会减少，教师就会自觉设计分层次作业，设计具有创新性、实践性、生活性、研究性的作业，甚至不布置课下书面作业。学生愿意学习，是因为他们享受到了学习的乐趣。

学校需要协调各个学科之间、教师之间的作业布置的质量与数量，要求教师精心备课、精心选题、精心批阅、精心讲解，自觉进行课堂变革，教师在课堂上要更加关注育人功能，提升学生的必备品格与关键能力。学校要鼓励教师开发精彩课程，创新多种学习方式，创设优雅轻松的环境与文化，积极培训教师，提升教师的专业能力与道德素养等，为提升教学效益准备好各种支撑条件。学校要引导家长们明白，孩子学习的高质量主阵地在课堂上，学生自主学习的习惯、会学习的品质很重要。

本篇文章介绍的问卷调查中几个方面的数据分析应该让家长和老师们，以及学校的管理者们都清楚知晓，然后再系统地设计基于学生"学"的课堂、作业、课程等教育要素，家校社实现有效理解与合作，形成化"教"为"学"的良好教育生态，学生的负担才能真正降下来。只要抓住这个本，理解这个逻辑，我们的教育就不会背离规律与科学，"双减"才能落到实处。

突破常态课"重教轻学"的习惯性

本篇文章谈谈日常课堂教与学的运行现状,透过表面现象进行理性分析,发现司空见惯的问题,找到习以为常的原因,使教师化"教"为"学"的课堂改进道路更加清晰通畅。从教的角度看,日常课堂教学缺乏明确的目标任务、组织教学过于随意、忽视学习氛围营造、教学方式过于单一、教学问题设计肤浅、学习活动过于简单、教学内容晦涩难懂等因素,导致教师常态课堂里出现一些"重教轻学"的程序化问题。

一、教师常态课堂里的程序化问题

在日常的课堂上,教师为了了解学生对所学知识的掌握情况,常常会问一些这样的问题:关于……,大家都清楚了吗?关于……,同学们明白了吗?

再看看整个教室里面,通常是这样的场面:学生通常默不作声,表示认同;要么含糊地回答"嗯,是的,清楚了,明白了"。此时,教师往往会说:"好。接下来我们一起学习……"

"大家都清楚了吗?""大家都明白了吗?"这类问题属于程序化的问题,答案常常都是出于被动的"是",但是部分教师却习惯于此类问题的提问,问了一遍又一遍。这样的课堂在许多学校一年年地延续下来。

更有甚者,经常听到教师讲完了某个问题,会不自觉地说一声:是不是?对不对?在班级的集体环境中,这类问题得到的答案只不过是应付而已。不管懂不懂、会不会、是不是，学生们通常都会说懂、会、是。此时，教师得到的反馈信息是不可信的。其实，教师也不是真心想停下来收集来自学生的反馈信息和证据，也并非一定为了启发学生进一步思考，提问只是完成一个交替的程序。

在多数教师的课堂上，教师提出问题后，会要求学生举手回答。在小学阶段的课堂上，学生举手现象很是乐观，但是随着学生进入初中，年级升高，主动举手回答问题的学生就会越来越少，以至于在一些高中学校的课堂上，看不到一个学生举手发言。当然，倡导学生积极举手，要在给予学生足够的时间，尤其是静思默想时间的基础之上。

还有一种现象，教师潜意识的心理活动外显的情状会让学生感知到答案的对错。比如教师每每遇到学生答案不正确时，会说"还有别的答案吗""你敢肯定吗"，学生就会感知到答案是错误的；当学生答案错误时，教师便眉头紧皱或摇头，一派严肃的样子；若有学生说出想要的答案，立即笑容满面，随即重复一遍或把答案板书在黑板上。这些潜意识的举动也不是真正为了启发学生思考。

进一步分析学生的表现会发现，即便认为教师是认真对待自己的，多数学生也不愿意打断全班同学说"不明白"，即便当时知道有的地方没听懂，多数学生也不太可能当众提出疑问。因为多数学生会担心在老师和同学面前丢面子，会担心损害班级或小组的集体利益。

更深层次的问题是，教师的这种似是而非、可有可无的提问，部分学生往往不懂却自以为懂了。如果教师的问题指向某个明确的学生，那么其他学生就无法注意到自己应该掌握的内容，不会再对所提问题积极动脑，这在某种程度上抑制了一些学生的思维活动。因此，他们不仅会给出欠真实的回答，还会自以为是。尽管这不是教师主观上想要的，但客观效果却是如此。

这样的课堂是很多学校教师的常态课堂。当学生看透了教师提问的本质目的，时间久了就不想再迎合老师了，甚至有的学生会猜到这节课老师不会提问到自己，会渐渐进入舒适区，这也是课堂上举手者很少的原因。

二、好的课堂能启发学生展示真实的内心

好的课堂应该追求让每个学生都有充分表达自己的思想、观点的机会，这就需要转变传统的师生单一对话模式，形成生生对话、组组对话、师生对话等多维度立体的对话交流方式。同时，还要形成课堂容错氛围，鼓励学生大胆表达，消除恐惧心理。

教师不应该把学生出错、不积极回答问题等原因全部归咎于学生，多想一想自己的课堂教学方式是不是有效合理。讲过了，只表明教师教的任务完成了，而学生学的任务并没有真正完成。教师不妨经常提醒自己：是自己教过了，还是让学生自己学过了？当这个问题成为自己的教学观念后，相信自己的教学行为会跟着转变，学会摈弃集体应答式提问方式，让学生在问题中高效学习，用客观、精准的反馈评价方式代替低效的程序化提问方式。

记得在一次课堂展示结束后，我现场采访了八年级学生张淼，她说出了课堂上的真实需求与感受："老师可以跟同学之间更好地交流，在课堂上老师给了我们更多的展现机会，让我们把自己内心真实的一面展现了出来。"

说得多好啊！这不就是课堂所追求的本质状态吗？不管是目标的确定，还是学习方式的选择、反馈评价的应对、问题任务的挖掘、活动规则的制定，还有诸如预习、复习、考试等有关学生学习的事项，如果都能让学生有机会展现自己内心真实的一面，学生怎会不爱课堂、不想学习？在这样的课堂情境里，真实的对话出现了，有深度、有意义的学习发生了。

课堂上充分激发和利用学生思维的碰撞，引导学生归纳、概括、生成概念并应用概念，一个眼神、一个手势都能调动学生的学习积极性。学生们在课堂上流畅地质疑、问难、补充，教师点拨、引导、追问，"到位而不越位"。引导学生关注现实生活中的经验，将知识与实际生活紧密联系，运用文本主问题（大问题）作为贯穿课堂首尾的问题，激发学生探究的欲望，学生的学习热情自然爆发。

其实，我一直认为，课堂里有一个最美丽的身影，那就是教师侧身、躬身、全身地倾听学生的话语。而要收获最美的语言与声音，教师的课堂用语则需要非常讲究，否则，不会产生倾听的情感环境，不能激发学生的思维、感动学生的真实内心。

当大家阅读完以下课堂上教师与学生之间的对话，再比较本文谈及的现象，答案定会自知。

你同桌刚才讲了什么？
别人在发言时请不要举手。
跟老师想法不一样的请举手。
你很努力地在想，你正走在思考的路上。
只有一个组的同学举手，说明好多人还没找到，那我们打开文本再读一遍。
孩子，让我们一起思考、讨论好吗？
你也要认真积极思考，我们很想看到你能解决自己提出的问题。
谁能为他提供一个解决问题的思路，为他提供方法和帮助？
看来你在这个问题上的思考还不是很成熟，没关系，我建议你的同学给你做个提醒，怎么样？
老师知道你心里已经明白了，但是嘴上还说不出，我把你的意思转述出来，然后请你再学说一遍。

课堂上老师总在提问，学生就是不积极主动表现，就是不愿意回答问题，就是不想合作，怎么办？我想，这些问题的根源就在教师的教学观念里，原因自然是教师在教学设计时，其思维停留在自己要教给学生多少知识、自己要讲多少答案、自己要完成多少任务上，却忽略了学生的真实需求与状况，也就是没有建立在课堂是学生的课堂、是学生学的课堂的观念之上，其课堂自然是教师主宰下的课堂。这样的课堂，自然会让低效的程序化问题大有市场。教师需要创造支持性的学习环境来改变这一状况，引导学生之间尊重彼此的努力、贡献甚至是错误。

现在的学生与过去的学生不一样了，课程理念与考试改革政策也与过去不同了，甚至周边的环境、社会、世界都变了，家庭教育的方式更与以前大不相同，若老师的课堂却没有变，或变化缓慢，就不适应当下的教育了。

三、毛病需要在舞台上纠正

在某个戏剧课程培训活动中，我全程跟踪观看，其中有一个目的，想了解导演是如何指导演员排戏的。这能够给大家带来另一种思维视角，来改善自己的师生互动和提问方式，让课堂更加有效。

让我感触最深的是导演经常说的一句话——"毛病需要在舞台上纠正"。比如学生刚开始在台上不会走，或紧张、或羞涩，眼神飘忽不定，要么往上瞅，要么看着地板。但是经导演一点拨，学生立即纠正过来，步伐稳定了，眼睛专注了，精神自信了，气质上来了。再比如学生在舞台上说话声音很低，导演边用语言引导，边逐渐远离该生，引导学生说话的声音逐渐增大。

从中我悟出一个道理：只有在舞台上让学生亲自尝试行动，才能发现问题，也只有在舞台上才能解决这些问题，不能仅仅靠说教，要有指导的方法、工具或支架。

导演为了引导学生在舞台上能够瞬间爆发感情，请这些孩子表演最令自己气愤、无奈和伤心的情境，其中不少孩子表演了自己父母的问题。有的孩子大声喊："每次回家第一句话就是赶快做作业，你不知道我一天在学校也很累吗？还骑自行车回家。你总是拿我与其他同学比较，就是看不到我的任何优点。我凭什么总是听你的？我不干了！"

虽然是表演，但从孩子们声嘶力竭的喊声中，从他们气愤无奈的情感暴露中，甚至从他们的眼泪中，我感触到了他们与父母之间的矛盾与抵抗。更让我明白的是，父母每天的唠叨又有多少作用呢？没有理解、策略、技巧和共情的交流是多么的苍白无力。

这又让我想起老师们的日常行为。我发现不少老师总是耗费很多课余时间，苦口婆心地教育学生，指导学生的学业，纠正学生的不良习惯，但不少学生却总是屡教不改。

　　这位导演的工作技巧是一种很有效的解决策略，我们应该重视起课堂时间，在课堂里尽量解决一切问题。比如，学生回答问题声音不高，你完全不需要大声告诉他大点声，而是效仿导演，离学生远一点，说"我没听到，再说一遍"，或许学生就会声音高起来；再比如，学生上课不习惯认真倾听，如果学生回答问题时，老师养成躬身倾听的习惯，再用手或眼神示意其他同学也要认真倾听，时间久了，这个班的学生一定都会养成认真倾听对方说话的习惯。

　　而在本文所陈述的现象中，却往往听到这样的话："这个问题留在课下解决。"而课下却经常听到这句话："我都讲过多少遍了，你们怎么还不会？"这都是课堂上"重教轻学"的程序化问题造成的后果。课堂里的问题要在课堂里解决，这是一个很重要的教学管理理念。

精准定位学生可见的学习目标

读到凌宗伟老师的一篇文章《教学目标要指向学习者的学》。文中有如下观点：

反思我们对教学目标的理解是有积极意义的。我们对教学目标的理解往往是与任务联系在一起的，达成目标必须有任务驱动，我的这个认知更多的还是停留在驱动学生去"做"，而不是激发学生去"学"上。目标应该集中在学习上，而不仅是集中在做上。我的理解是，对任何人而言主动自觉地学是一种理想的境界，大多数情况下的学多少总是被动的。因此必要的任务驱动是没有问题的，但如果没有学生的主动参与，教师设计的任务再完美也是徒劳的。"学"与"做"的重要区别是，一个指向的不单单是技能，更有理解与反思总结，而另一个则更多地指向任务。或者说一个是主动的，一个是被动的。理解了这一点，我们或许就能进一步理解加涅所举的这个教学目标的意图了：给予电池、灯泡和插座以及几根电线（情境），用电线连接电池和插座（行动），检测灯泡是否发亮（限制），以此演示（行为表现或内容）电路的制作（对象）。教学目标要指向学生的"学"，就要具体而明确，不仅要具有指向性，还要可操作、可评价，要能够让学习看得见。

再比如崔成林老师介绍的基于"产出导向"课堂的目标设计，也是指向了学生的学，同时有更深层的学习活动，通过看得见的思维成果或产品，引导学生主动学习，实现目标。

塞瑞·B·迪恩、伊丽莎白·罗斯·哈贝尔等所著《提高学生学习效率的9种教学方法》一书如此定义学习目标：它是学生应当知道、理解或能够做的事情，它是完成某项学习活动或学习任务的结果。学习结果的呈现形式一定是学生的学习成果，而不是教师或教材给予的现场信息。"产出导向"课堂主张以学习产品（成果、结论）为固着点，组织递进性学习活动，把学习产品作为课堂教学活动的出发点和归宿点。

学习目标设计要关注学生的学习成果和成就标准，反对"以其昏昏使人昭昭"地泛写教学目标。如教科版科学四年级上册第二课时《声音是怎样产生的》的教学目标设计：①能应用已有的知识和经验对声音的产生做假设性解释，提出自己的猜想；能用简单的实验器材探究声音产生的条件；能对探究过程和结果进行评议；愿意与他人合作交流。②知道声音是由物体的振动而产生的。③在探究过程中设计实验方案验证猜想，积极观察和发现，体验合作与交流的乐趣。这种目标"学习产品"模糊，无法为学习结果定位，难于根据"过程性成果和终结性成果"判断学生学习目标达成度，很难引导学生发生真实的学习。

让我们对比一下七年级道德与法治《自尊自信》教学案例的学习目标：①阅读"探究园"中的"班级风景"展现的学生日常生活中的三个情节，结合课本内容，填写自尊与自负、自尊与虚荣的区别表。②通过"实践与评价"的个案研讨，分析自卑心理的危害，归纳克服自卑、树立自尊自信的方法。③通过"提笔思考"，写一篇《"傲气"与"傲骨"》小短文。要求是理性思考，对比分析，以案说理，辨析自尊与自傲的不同表现和影响。"填表""归纳方法""写小短文"，均引导学生在学习过程中形成思维产品。学生是学习主体，指向明确，行为具体，这符合可操作、可测量、可实现的"产出导向"学习目标设计的基本要求。

"产出导向"学习，注重学生综合能力的培养，将目标明确地聚焦于学生最终有意义的学习结果上，强调学生的"知识、能力、素质"综合发展。它不是正向的知识灌输，而是围绕学生的最终"产品（思维成果）"来组织和开展学习，以明确的思维产品生成为目标反向设计学习过程，最终促成学习目标的达成。

新课标提出"加强知行合一、学思结合，倡导'做中学''用中学''创中学'"的原则，这就为指向学习者的看得见的学习目标的设计与实施指明了方向。

下面这个"任务设置"是我观察语文特级教师王竹香的课时发现的，评析部分则借鉴了年级主任吴波澜老师的观点。

一、微写作

从下面四个题目中任选其一完成，不少于150字。

1. 请用一种花来比喻胡晓凤老师，并简要陈述这样比喻的理由。

要求：符合胡老师形象并能自圆其说。

2. 写一首诗或一段抒情文字来赞美胡晓凤老师。

要求：感情真挚，富有文采。

3. 请描述胡老师最打动你的一个瞬间，这个瞬间可以来自老师的语言、动作、神态等。

4. 胡老师的语文课堂一定让你受益匪浅，请结合你的学习实践给新语文老师提一两条建议。

要求：条理清楚，言之有物。

二、作文

从下面三个题目中任选其一完成，不少于700字。

1. 写写胡老师。请以"胡老师传"或"我眼中的胡老师"为题，也可自拟题目，如"留一把光阴的钥匙"，完成一篇记叙文。

2. 写写语文。高一、高二两年的语文学习带给你怎样的体会和思考？请结合你的学习实践，自拟题目，写一篇议论文。

要求：观点明确，逻辑清晰。

3. 写写生活。①结合高三入学体验，写一篇随笔，题目自拟。②观看《觉醒年代》，写一篇随笔，题目自拟。也可以此为素材修改期末考试的记叙文或议论文。

从形式上看，该任务的出题思路和新高考是一致的。无论是从题设字数，还是体例和规范上来看，该任务都是新高考下的"标准化"出题模式。这样的题设格式虽然是应试的，但是处于高三学段，面对高三的考生，这又是易于接受的、恰当的、巧妙的。对于高三的学生来说，应该处处和高考要求进行"对标"；而作为高三的老师，也应心中有"课标"，眼中有"考试"。

从内容上看，在"标准化"题设的外衣下，呈现的是：与生活紧密关联的情境，与学生紧密关联的人情，与语文紧密关联的技能，与学情紧密关联的调研。

1. 与生活紧密关联的情境。

从题设的内容上看，这是对"换老师"一事的探讨。"换老师"是行政命令，学生不得不接受，但是"换老师"背后产生的思想波动，去哪抒发？如何抒发？与其在背后议论纷纷，不如将所思所想写出来。另外，所谓"语文即生活"，大概就是如此吧！把生活中的经历见闻以文学的方式记录下来，作为成长路上的见证。

2. 与学生紧密关联的人情。

朝夕相处两年的老师调走了，"师恩如何来报"？学生们大多想到的方式就是写张贺卡、一起聚餐等，但是通过这样的学科式的任务驱动，王老师其实也教授了学生另一种方法来感念师恩，教授了学生另一种方式来反思自我。这不仅激发了同学们的写作热情，而且能促进每一个学生主动地、生动地发展！

这些"人情世故"是我们教育中不可或缺的一部分，是培养一个"健全的人"的重要一环。如何将学科教学与育人结合在一起？这个案例给出了示范。

通过此事，学生也会被新老师这份心思所打动。这样面对"前任"的方式，相信同学们是第一次见。这样的善良和博爱，同学们自然能感受得到。有了这份"人情"，相信"亲其师"也不太难，那"信其道"也就自然而然地发生了。

3. 与语文紧密关联的技能。

从题设中可以看出，每一个可选题目，都有语文技能的明确指向，例如用到了"比喻""诗""抒情""建议""记叙文""议论文"等。

不仅如此，而且有确切要求，例如"符合胡老师形象并能自圆其说"

"条理清楚，言之有物"等。

这些都是在完成任务过程中训练语文技能，有着鲜明的"语文特色"。完成任务，也就又一次进行了语文技能的操练，一举多得。

4.与学情紧密关联的调研。

从任务中，我们也感受到这是一份特别的学情调研。所谓透过文字可以看得见一个人，通过学生的习作，一个有经验的语文老师可以快速了解每一个学生的语文学情，了解每个个体背后的所思所想，恰当把握每个学生心中的感动点，也可以直白地收到他们对于新老师的建议。这就是学情调研的内核，但又那么有温度。

王老师的任务设计富有创意和暖意。最终，全班同学把一万九千多字的作品结集成文集，设计了精彩的封面，送给了胡晓凤老师，这是富有浓浓人情味的一份"谢师礼"。

如果回应前面两位特级教师提出的观点的话，王老师这个任务设计，一是目标以学生为中心，做到了指向学生的"学"，任务具体而明确，可操作，可测量，学习能被看得见；二是分解了学习任务，聚焦于具体的认知过程，且强调学生最终有意义的学习结果。因此，学生超越被动的学习任务，能够做到主动地参与学习的整个过程，自觉地、喜悦地学习。学习围绕成果产品来组织和开展，学习与身边生活、人性情感、学科技能和学习方式有机联系，有效促成学习目标的达成，培养了学生的正确价值观、关键能力与必备素质。

这说明目标指引着一系列目的性行为，学生对目标的主观价值判断、对成功的预期，在激发其学习动机方面具有关键性作用。重视指向学习者看得见的学的目标的设定理念、策略、途径，也就是确定一个让学习者有自我动力系统的、能够学以致用的、师生共同确认且都能看得懂的学习目标，是落实新课标的关键要素。

用活动为"教"与"学"搭桥

苏霍姆林斯基说:"当知识与积极的活动紧密联系在一起的时候,学习才能成为学生精神生活的一部分。"在平常看到教师的教学设计以及观察教师的课堂教学,发现教师更容易关注、着重设计的是教学的知识内容,即教师教什么,学生学什么,而忽视了精心设计学生学习的活动。我们常常提及的以讲授为主的教学之所以盛行,其根源之一即在此,因为缺乏活动设计,"以讲为教""以听为学"的课堂行为便成了教学行为的主流。下面介绍两位名师的课堂教学活动设计,供大家参考借鉴。

一、薛法根:怎样设计阶梯式教学活动

常见的教学设计中的教学活动,基本上属于教学的流程记录。比如"练习有感情朗读"这个教学活动,设计成:

1. 自由朗读,体会课文情感;
2. 指名朗读,点拨有感情朗读的方法;
3. 分角色读,加深人物情感的体会;
4. 齐读。

乍一看,这个朗读练习活动内容丰富、步骤清晰,很有操作性。但这仅仅是一个朗读练习活动的"流程",有朗读活动而无朗读教学的实质性内容。试问:感情从何而来?喜悦的感情如何朗读?语气语调有何变化?如有读不出感情的,有何具体方法?出现唱读如何矫正?这些才是教学

活动的设计要点，没有这些活动要点的设计，就不可能达成朗读教学的目标。

要使"流程"设计变成"过程"阶梯，需要判定教学的起点与终点，并在起点与终点之间找到几个教学的落点，即教学活动台阶。教学的起点就是学生已有的学习能力与水平状态，教学的终点就是依据文本体式确定的教学目标，两者的落差就是教学活动设计的空间，也是学生学习的发展空间，可以设置若干个教学活动板块，呈现逐层递进、逐步深入的学习过程。这些台阶式的教学板块要遵循由易而难、由浅入深的渐进规律，设计连续性的学习步骤，具体展开教与学的过程，可操作、可观测，便教利学。以《庐山的云雾》为例，我们进行了阶梯式的教学活动设计。

起点：①学生具有阅读景物类记叙文的基本经验，能领会事物的特点"云雾的千姿百态和瞬息万变"，但对于一连串贴切的比喻手法缺少自觉的关注。②学生具有观赏云雾的生活经验，但缺少对云雾形态及变化的想象力。

终点：①能归类积累词语、诵读重点语段；②能理解并运用"准确与形象"的描述性语言。

根据起点与终点的"差距"，可以设置学生需要经历的三个学习台阶。

台阶一：归类，朗读并识记精美词语。

1. 朗读并圈出文中描写云雾的词语。

2. 将词语分类整理，体会云雾的特点。

特点：变幻无常、千姿百态、瞬息万变。

姿态：笼罩、缠绕、弥漫、遮挡。

变化：随风飘荡、一泻千里、四蹄生风。

感觉：腾云驾雾、飘飘欲仙、流连忘返。

3. 朗读识记。

台阶二：引读，发现描述的准确与比喻的形象。

1. 引读：（师）那些笼罩在山头的云雾，就像是——（生）戴在山顶上的白色绒帽……

2. 填表，区分描述与比喻。

特点	本来的样子	看起来的样子
千姿百态	笼罩在山头	戴在山顶上的白色绒帽
	缠绕在半山	系在山腰间的一条条玉带
	弥漫山谷	茫茫的大海
	遮挡山峰	巨大的天幕

特点	原来的样子	后来的样子
瞬息万变	随风飘荡的一缕轻烟	一泻千里的九天银河
	一匹四蹄生风的白马	漂浮在北冰洋上的一座冰山

讨论：（1）"笼罩、缠绕、弥漫、遮挡"与"白色绒帽、一条条玉带、茫茫的大海、巨大的天幕"哪一组词语更让人留下深刻的印象？说一说理由。

（2）删去"转眼间、还没等你完全看清楚"，句子的意思有什么变化？还可以用哪些词语表达这样的意思？

（3）朗读并背诵。

台阶三：练写，体会语言的准确与形象。

1. 用恰当的比喻将月亮的姿态写形象。月初，弯弯的月儿斜挂在天上；有时乌云从月儿前面飘过；十五的月亮又圆又亮。

本来的样子	看起来的样子
弯弯的月儿	
乌云从月儿前面飘过	
又圆又亮的月儿	

2. 观看一段自然景观的音像填写表格，然后描写景观的姿态和变化。

本来的样子	看起来的样子

以上设计理念突出两个重点,首先是活动要点的设计,其次是在教学活动空间进行台阶式板块设计。

二、崔成林:教学结果设计重心从"知识达成"转向"产品生成"

看不到成果的学习让人苦闷,得不到反馈的学习让人"茫然"。"产出导向"课堂遵循建构主义倡导的"发挥学生的首创精神,将知识外化和实现自我反馈"原则,在学习设计上要求关注以下四个方面:一是需求,二是建构,三是成果展示(交互反馈),四是学习成就(激发学生的成功感)。

基于任务的学习活动,起点是一个具体的、可操作的任务;学习活动围绕任务展开,以任务的完成结果检验和总结学习过程。如新冠疫情期间,一位教师布置的在家学习任务。

写给抗疫前线"最美逆行者"的信

阅读下列材料,根据要求作文。

2020年春节,新冠疫情严峻。疫情来临,全民奋战,白衣天使请愿上阵,医院建设日夜鏖战,党员干部奔赴前线……这样一群人,被人们称为"最美逆行者"。"最美逆行者"既指那些前往疫区的人,也指在严峻背景下,依然默默坚守岗位维护基础服务功能的人,他们是铁路职工,是警察,是环卫工,是社区服务者等。虽然要求居民尽量少出门,甚至不出门,但是城市基础性功能还需要运转,病毒不能将一座城、一群人击垮,疫情早晚会过去,美好的生活还需继续,"最美逆行者"们就是让美好生活继续的一群人!

一场疫情考验，彰显新时代下我们面临困难所释放出的坚忍不拔的团结力量。病毒本身并不可怕，可怕的是人心的坍塌，团结一致，众志成城，我们终将战胜病毒。

面对这样的逆行者，你的态度是什么？你的做法又是什么？请你写一封致"最美逆行者"的信。要求：自选角度，切合身份，表述得体，不要套作，不得抄袭，不少于800字。

"写一封信"是学生学习过程中的思维产品。学生是学习主体，指向明确，行为具体，符合可操作、可测量、可实现的"产出导向"学习目标设计的基本要求。"产出导向"，即可以让学生高效率地接受、内化现成的定论性知识，又可以引导学生像科学家那样探求知识、复演过程，培养学生独立解决问题和预见未知的能力。关键在于教师的任务（活动）设计和方法择取，需要提醒的是，学生学习更多的是人类文明的间接经验，"产出导向"并不是一味要求学生原创"新结论、新产品"，而是智慧复演，再创造性地解决问题。

以上两种理念的活动设计，我建议在基于"磋商与论证"的讨论互动式课堂教学场景里进行尝试。（如下图所示）

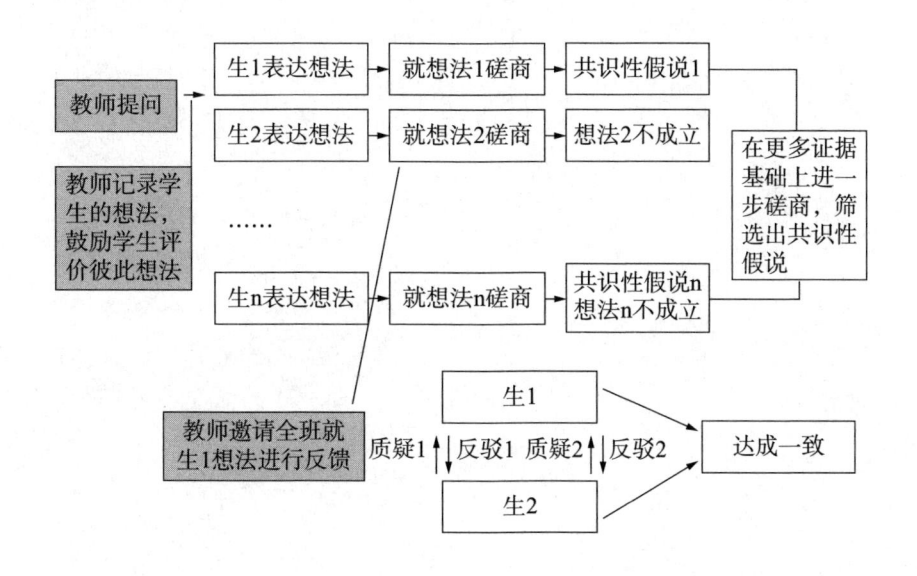

第一章 善于化"教"为"学" // 031

这种学习活动是以参与行为为基础的学习，一般要比以讲授为基础的学习有效得多，如在做中、动中学习，在说中、听中学习，在观测中、动笔中学习，在解决问题中、思考中学习。核心任务（活动）一般具有真实情境，能够承载学习目标，能解决问题和迁移应用，需要凝练有挑战性的、有指向意义和价值的好问题成为学习和创新的导火索、催化剂，有一个用于自我评价、伙伴评价的量规。这也正符合新课标提出的"突出学科思想方法和探究方式的学习，加强知行合一、学思结合，倡导'做中学''用中学''创中学'"的理念。

让教师以助学者角色开启教学

我曾经见过不少一线教师的课堂教学，或许是由于教师没有时间或精力进行较为详尽或有效的教学设计，也或许是因为其教学观念的局限性，更或许是因为学校教学常规管理的欠科学性，教师仅仅拿着自己的教科书，准备一个课件，就进入课堂开展自己的教学。而观察学生，也仅仅是翻开自己的课本、笔记本或一本全体学生通用的练习册（上面有骨干教师事先联合编制好的习题）展开自己的课堂学习。很显然，这样的课堂里教师的角色主要是以"讲授者"为主，学生的角色是以"听讲者"为主。

一、"重教轻学"的教学传统依然盛行

老师们特别容易被诱惑说出他们所知道的。在课堂上，当某个学生回答好问题后，他自己的眼睛，其他同学的眼睛，都会下意识地回到老师身上，主要目的是期待老师的正确答案。这是一种根深蒂固且很难改变的习惯。老师和学生们陷入了这种思维陷阱，认为老师的工作是回应每个学生。

但事实上，理想的课堂里老师的工作应该是多鼓励学生不要等待老师的回应，而是应该积极回应同学们的评论。老师的工作应该更多的是邀请学生参与到学习活动任务中，并给每个学生机会保持质疑和响应。当然，这个过程需要时间进行训练，以打破过去长期流行的固化习惯和规程。

我曾经写过一篇文章，开头是这样写的：我常参与不同地区学校的听

课调研活动。我发现，课堂中的问题依旧是多年来的老问题。一些新理念或创新项目，也只是暂时的包装，不过是在公开课、示范课等课堂上展示而已。学生仍然"被教着""被学习着"，教师仍然在走"复习—导入—新授—巩固—拓展—小结"的固定程序，最后布置课下作业。

  一套持续了几十年的教学模式为什么还能流行？过去是一支粉笔、一块黑板、一张嘴，可现在信息技术如此发达，电子白板、云技术、微信息、声光电等各种学习工具应有尽有，学习资源异常丰富，但这种"重教轻学"的教学传统却依然盛行。

  张丰老师分析认为：我们的课堂是一种"接力问答式"的课堂，老师借问答的形式将学习内容一点点地引发、展开、呈现出来。学生学习的主要方式是"听中思考"与"听中接受"。这种师生"接力式"的对答，只不过让教室"弥散"着"学习的元素"而已，而学习是否真正发生却很难说。在这样的课堂上，学生的回答常是一些迎合性的"猜测"，这种参与是虚假的。由于学生思考不足，师生的现场对答常是肤浅的互动。表面上，学习内容在课堂上都出现过了，但孩子们是否理解，是否接受，还有很大变数。于是，心存顾虑的老师便把课后练习当作重要的补充性手段。以讲代教、以听代学、以练补学成为当前课堂活动的一大特点。

  这些观点道出了我们传统课堂学习的本质状态。而这种状态随着年级越高，教师教的成分越来越大，到了高中阶段，学生在课堂上大多只有听的机会了，想说却没时间。

  于是，我经常发出这样的感慨："重教轻学"的教学传统为何依然盛行？！新课标颁发以来，我参与了不少学校的三年发展规划的研制，诸如"教学五环节模式""教学12345模式"等模式化教学改革行动仍然延续着，真正探索如何落实新课标理念与要求的教学改进还不多见。

二、教师助学者角色成为可能

  新课标中强调在教学实践中探索"教学评一体化"教学设计与实施，崔成林老师发出如下追问：目标定位得是否合适？是否适合学生学习？达成评估（设计）是否科学（评价什么，怎么评价，是否有评价标准，谁来评价）？根据目标设计的学习问题（学习任务）是否是结构化问题串？问题是否优质？根据问题设计的学习活动是否符合台阶式引领（组织形式+活动步骤+方式方法）？是否有利于学生的思维参与？嵌入式评价是否与目标达成评估统一，能否利于学生高质量完成学习任务和开展学习活动（这里的评价可以有等级和分数）？先行组织是否能够实现新旧知识相连、激发学生内在动机（情境）、指向主问题？成果集成（传统小结）是否实现了知识或思维结构化，能够引领学生回顾反思一节课的学习？

而要实现上述追问的内容和要求，仅仅靠运用固定的模式去规约教师的教学行为是不够的，也是不可的。阅读《基于设计的学校教育：使命、行动与成就》一书，里面有关于教师作为课堂助学者角色的论述，感觉很有道理。如果教师还是以唯一讲授者角色自居，便没有机会和能力去解决上述问题；如果想解决好上述问题，教师需要转变自己的角色，或者说在课堂上要扮演多重角色。其中作为助学者就是一种很好的视角，这是实现上述要求和问题解决的一种较为现实且可行的策略。下面我摘录书中的部分内容，供大家思考与讨论。

一般来说，理解需要学习者主动发展和测试想法。无论是回应文本经验问题还是研究案例，学生们都是在模棱两可的、内容开放性的问题中努力创造意义。但是如果没有通过设计为学生明确地提供机会和激励，学生就没有办法创造意义。

作为课堂教学过程中的助学者有两份工作：第一个是巧妙地设置适当的情境，让学生通过问题以合作和独立的方式尝试和测试想法；第二个是促进适度探究并抵制"教"的冲动。从实践的角度看，学生和教师都必须认识到，当促进理解的辅导发生时，传统的"教"和"学"都将被暂停。通过设计探究活动，以及参考恰当的规则和规范，教师将越来越清楚，新的、也许不熟悉的做法和角色将支配课堂时间。

在这样的课堂上，助学者（老师）都要引导学生积极处理信息并对其进行理解，而不是简单地听讲和记笔记。促进教学是建立在这样一个共识之上的，即学习者只有被要求依据反馈不断提问、反思答案，进而搞懂相关概念，才可能发展理解，只有被要求在反馈的基础上不断地提问和重新思考他们的答案，才使观点具有意义。这不是从"教学"中"失去"时间，而是花时间引起学习者的理解。

让我们概括一下，不管情境如何，最好的助学者要做什么？

一是他们会为探究和讨论选择议题、问题和调查。助学的一个主要的目的是发展和深化学生的理解。为此，有能力的助学者选择有挑战性的问题来争论；选择有价值的文章来解读；选择重要的调查去实施；选择有难度的问题去解决。因为这些智力挑战是促进理解的有利条件，助学者的工作是通过提供同伴反馈和显著结果来确保学生产生想法，并测验、证明和调整这些想法。

二是指导学习者建构意义。学习者的工作是积极尝试建构意义和理解事物，而助学者的工作就是支持这个建构的过程。但是什么内容都不教了吗？不，这是一个关于助学的基本误解。所有相关内容都没有被讲授式地"教"，并不意味着内容没有被学习，是通过学生尝试使用他们自己迄今为止在课堂内外所学到的东西来"学"的。有效架构时间，通过诊断评估和讨论来实现"更少"的讲课和"更多"的助学，帮助学生促进理解。基本目标是在课堂上利用学生的互动，将学生的注意力集中起来。

三是避免过度教学。一个助学者角色将教师"从讲台上的圣人"重新定位为"站在边上的指导者"，从主要承担讲的责任，变为引导出意义创造和观念检验。助学者主持讨论和指导探究，而不是一个指手画脚的参与者。助学者对探索的过程和状态进行质疑、澄清以及评论，而不是单方面讲授或直接给出答案。

四是树立榜样，鼓励运用策略和思维习惯。探究式学习的开放性可能是令人不安的，尤其是对于那些期待老师给予明确指导的学生而言。当学习者在他们的探究过程中遇到困难时，助学者也会示范并鼓励他们使用策略和思维习惯，让学习者回答诸如此类的问题：如果你不理解课文，你会怎么做？当你在解决问题的过程中遇到困难，什么策略能帮助你？当你最棒的想法受到挑战时，你会如何回应？

五是努力使自己不被需要。传统教学是以教师为中心的,与传统教学不同,助学者力求逐渐发展学生自主性。换言之,他们努力使自己变得越来越不被需要。这种结果通常要通过一个系统的"断奶"过程。在此过程中,教师的指导和支持逐渐减少。

三、教师促进学生主动学习的途径与策略

以下是《基于设计的学校教育:使命、行动与成就》一书中介绍的教师促进学生主动学习的具体途径:鼓励学生设定与总体预期结果相关的个人学习或表现性目标;在学习过程中给学生适当机会,对学习过程,例如小组合作与单独工作,及其作品形式,例如视觉形式、口头形式、书面形式,做出适当选择;期望学生对自己的工作和目标进展情况进行定期自我评估;把助学技能教给学生,如观察、阅读、收集组织材料、假设验证、表达交流、容忍歧义、坚持己见等技能,并为学生分配时间去应用这些技能,例如通过学生主导的研讨会或问题解决小组来应用这些技能。

回到文章开始的话题和现象,如果学生仅仅靠听,偶尔写写笔记,或直接做练习题,肯定是无法实现教师转变角色的需要的。我正好发现了刘静波老师的微信公众号,主题是关于"高质量课堂"的。我被刘老师的理论分析与观点迷住了。其中《学习可见的两大策略:活动和留痕》与《学习结果何以可见》两篇文章中介绍的策略和方法,正好可以解决我发现的现象,现摘录如下(有改动)。

学习结果和认知过程是课堂中两个最重要的变量,这两个变量的最大特点是不可见并且不可感知。让学习可见就是能听到、能看到、能感觉到,核心是可视化。不可见,就不可评价;不可评价,就不知道到底有没有学会。

那怎么办?一是要让学生活动,让认知过程尽量可感知、学习结果尽量可见。二是留痕,让学生在学习过程中留下痕迹,痕迹可作为评价学习过程和学习结果的证据。

学习活动是外显的学习行为，即读、背、写、讨论、练习、展示等行为，学习活动是可感知的学习行为。学习活动引发认知过程的功能，通过学习活动引发学生的有序思考；让学习结果和认知过程感知化的功能，让学习结果和学习过程可见；为学习评价提供信息，学生在学习活动中呈现出各种感知化的信息，这些信息是学习评价的基础；在活动中，促进学生的表达能力、合作能力等多方面能力和素养的提升。

丰富的活动有利于建设一个良好的课堂氛围，有利于激发学生的学习动机。因此，在课堂上让学生动起来特别重要。在每个认知环节都要设计学习活动。比如，在启动环节，通过有效的提问让学生说起来、动起来。在建构环节，要让学生依据流程自己去探究、去发现。

要提高学生活动参与的深度。比如，不仅是老师提问学生回答，还要让学生自己提出问题、自己回答；不仅让学生参照评价量规去评价，还要让学生自己创造评价量规；不仅让学生去证明定理，还要让学生去发现假设，自己去证明。

课堂活动的各种类型要搭配好。说、写、讨论活动要搭配好，动与静要搭配好，个体活动、二人活动、小组活动与全班活动要搭配好。活动让学习可见，老师通过观察、感知学生的活动，从中获取大量信息，为评价、反馈、改进教学提供依据。仅仅有活动还不行，还要在活动中留下痕迹，留下可保留的信息，这样更有利于评价和反馈，更有利于促进学生的学习。因此，在活动设计时，要强调留痕意识，要让活动留下痕迹。让活动留下痕迹，首先要让活动设计任务化、任务操作化，然后通过操作留下痕迹。常见的留痕方法有以下几种：

一是说出来。在课堂上要让学生有出声思维。数学课上，让学生把思维过程说出来。语文课上，让学生不仅要把写作思路说出来，还要叫学生把如何想到的也说出来，这样思维才可见。家庭作业方面，课文朗读、学英语单词、讲故事等可以让学生录下来，发给老师留存。

二是写出来。在学生发言前，要求学生先把发言内容写出来。要让学生学会写批注，把想到的东西写出来。老师要多出一些简答题和论述题，让学生去书写，这样才能看出学生是否真的理解。解题时，尽量要有完整的解题过程。提供多种表格类支架，让学生填写。比如，提供作文反思表，让学生填写自己在作文写作中存在的问题。提供错题分析表，让学生自己分析出错的原因。

三是画出来。要让学生学会画思维导图、概念图、模型图等，使用各种图形把知识组织起来。

四是录下来。把学生的一些行为、能力展现过程录下来。上课时，老师应该充分利用手机的强大功能，在学生展示时，有意识地把学生的一些典型行为拍下来、录下来，供评价、反馈和留存。

五是做出来。要有作品意识，要让学习目标成果化。比如，学生提供一份最佳作业，学生一个学期的作文可以集结成自己的作品集。

六是做档案袋。引导学生自己做成长档案袋，把自己成长过程中的关键证据、关键作品保存下来。档案袋让学习历程可见，学生可以从自己的档案袋中得到反馈、为自我反思和学习决策提供依据。

通过说出来、写出来、画出来、录下来、做出来、做档案袋，让学习留下充分的痕迹，让学习更加可见，学习可见才能对学习进行评价，然后通过评价促进学生的学习。

比如下面这个案例："在这个小小的顶楼里住着一个穷苦的女人。她有一个独生女儿，身体非常虚弱，躺在床上一整年了。小女孩安静地、耐心地整天在家里躺着，而她的母亲每天到外面去挣点儿生活费。"

有的老师会这样提问："这是一个怎样的女孩？"

这个提问太笼统，要把这个提问活动任务化、任务操作化、操作留痕化。

把上述提问变成这样留痕的任务和操作：1. 在书上画出三个以上的关键词，表明小女孩的处境。2. 根据文中信息，你觉得小女孩的妈妈是一个怎样的人？至少用50个字进行描述。3. 如果你是小女孩的邻居和朋友，你能做出哪些举动帮助到她？用思维导图的方式表示出你的帮助。

形成学习结果可见的意识不是一件容易的事，首先教师心中一定要有"学习结果可见的实现路径图"，然后还要知道怎么把每一步都能做好，最后就是知道了还要做到。

当然，不是所有学习结果在短时间内都要做到可见。能力、素养在短时间内很难形成，不能成为课时目标，不能强调当下可见。情感态度与价值观也不能强调当下可见，因为见到的可能是假相。所以，在评价情感态度与价值观时，强调"日久见人心"。

以上中外专家的论述可以启发我们，到了该彻底转变以前固化的教学模式化思维形态的时候了，应该在课堂上根据学习目标以及目标下的问题、活动、任务、评价、反馈和学情等要素，实时转变自己的角色，以更好地寻求高效率的教学效果。把自己定义为助学者，在课堂中牢记自己不仅仅是讲授者，还应该探索尝试更多的角色（如教练）。这篇文章，可以给大家一些借鉴的思路。

化"教"为"学"成为教学常态生活

很多教师在描述自己的生活时,总是反映自己职业生活的枯燥与乏味,每天重复着诸如备课、上课、批阅作业、考试等毫无意趣与创造性的工作,于是感叹自己命运的不济。时间久了,就开始厌倦自己的职业,不再思考自身思想的进步和专业的提升。

在中小学教师的心里,好像有一种牢固的观念,那就是:教师是他人思想和知识的消费者,有专家的研究成果,有现成的教科书和教辅资料,有新课程理念和历史传留的教学原则等,自己不需要再去创造,在教室里复演并传递给学生就行了;认为读书是学生的事情,研究是专家的工作。

这是当下基础教育界盛行的一种极其令人担忧的思潮与行为,甚至可以说,这种状况就是"应试教育"的流毒。一旦教师生活的道路走错了,背离了正确的方向,教育就会产生众多意想不到的异端。如果不进行重建,来个彻底的思想革命,坚决实施基于新课程理念的教学变革,我们的教育教学就难以出现真正的"教书育人"现象。

张华教授认为:"教学实践应该由传递别人的知识变为创造自己的知识,它应该是实践自己研究成果的过程。其研究成果就是教师自己开发的课程。"这才算是真正的教学,这样的教学才叫研究,这才是基于新课程理念的教师应该具有的生活方式。

一、源于教学改进的勇气

崔金英老师自身的教学经历就凸显了教学思想转变的重要性,思想的转变会带来专业思维和行为的变化。从教开始的几年,崔老师抱着初生牛犊不怕虎的态度从事着语文教学,拼命地备课,积极地听课,教参上名家的分析都会仔仔细细地抄在课文的空白处,总是虔诚地借来老教师的备课笔记学习借鉴。日复一日的努力换来课堂上的所谓从容,不再磕磕巴巴、困窘不堪地经历一节一节的课堂了,可以像一名老教师一样,手拿教参或教本,胸有成竹地站在三尺讲台上大讲特讲:从字音到字形,从划分层次到概括段落大意,从课文内容到文章主题,每一篇课文都会被用三四节课的时间细细地筛过,慢慢地肢解。当时还以此为荣,四处炫耀,以此证明备课是多么充分,工作是多么努力。

教学中,崔老师一直信奉付出和所得成正比的道理。为了让学生考出好成绩,她把所有的课余时间几乎全用在了读教参、抄教案、选试题、批改作业上。课堂上口若悬河、口干舌燥地讲,学生们机械地记着笔记、背诵着段落大意和中心思想,埋头做着一张又一张的试卷。在这些十三四岁的孩子身上,感受不到他们青春的朝气与生命的活力。现在看来,当时的教学没有个性、没有创造,只有不停地"复制"与"粘贴";复制了别人的想法,在课堂上再粘贴给学生,学生再把它粘贴在试卷上。师生间就像两滴互不相容的血,没有思想的交流与个性的碰撞,只有"呆板的演讲人"和"冷漠的听众"。无数的试题、高高低低的分数横亘在师生之间,夺走了本有的尊重与和谐。

崔老师的教学热情就这样渐渐被枯燥乏味所取代,思想也箍上了死板的标记。她越来越感觉到,教学生活逐渐走进了一片死寂的荒漠,是多么渴望营造一片属于自己的教学中的胡杨林啊。

于是她四处寻觅着,每天思考着。

首先是洋思中学的"先学后教"给她注入了第一口新鲜的教改血液,她开始了教学变革的尝试。学生们在崔老师发出"大家先自己学"的声音后,茫然地抬头看着:"老师,您让我们学啥?咋学?"崔老师愣了,这两个问题她从来没有考虑过。自上学到现在就一直没有享受过自学,从小学到大学,都是听老师讲,更不要说考虑让学生去自学。崔老师一个字都说不出,"还是由我来讲吧",第一次"拿来"的经验以失败告终。

其次是目睹了杜郎口中学"三三六"课堂模式,崔老师被那种"乱哄哄"的课堂场景震撼了:学生们竟然可以相向而坐,大声说唱,镇定自若地在讲台上演讲,旁若无人地在地上书写,为一个问题小组成员争论得面红耳赤,为抢夺一次展示的机会他们高举双臂,齐声呐喊!她的心被一股巨大的力量推动着,鼓起了再一次实施课堂改革的勇气:"六人一小组,把读课文的感受相互交流分享。"学生们惊讶地抬头,呆滞的目光中充满了惊喜。他们兴奋地凑在一起讨论,穿梭在此起彼伏的讨论声中,崔老师心中涨起满满的喜悦。但这种表面的热闹掩盖不住失败的弊端。一个月的尝试,感到课堂效率低下,考试成绩下滑,崔老师不得不迅速收拾残局,再次回归传统的教学。

两次教学改革的尝试都失败了,却也引发了崔老师很多的思考。那种原始的、靠拼挤学生的时间来提高学习成绩的时代已经过去,语文课堂不但要培养学生听说读写的能力,更要提高学生的语文核心素养。课堂改革不只是教师的事,更需要学生的主动参与。因此,教师应该充分激发学生的学习兴趣,引导学生采用自主、合作、探究的学习方式,这对于提高课堂效率相当重要。

崔老师清醒地认识到:一味地照搬别人的经验,不会结合自己的教学风格与学生的学习实际,尤其是如果没有学校的支持,没有学校提供的改革创新环境和机会,个人意义的独立改革会收效甚微,甚至会以失败而告终。崔老师所在的学校,为了提高教师"教"和学生"学"的有效性,在校长的带领和主导下,以作业改革为切入点,以"减负提质"为目标,收到了良好的效果,为有兴趣进行教学改革的教师营造了良好的创新实践环境。

二、催生教学设计的创新

教学应做怎样的调整？教师的"教"和学生的"学"究竟发生什么样的变化呢？据调查了解，大多数学生不清楚自学的内容和方法，迫切希望得到老师的引导。为此，崔老师查阅了大量的资料，为学生们量身定做了"单元自主学习指导纲要"，从"教材分析、知识构建、背景知识、问题展台和学习评价"五个方面引导学生自学。其中"背景知识"板块，是依据课程标准的理念而设计的。

下面以部编版语文九年级下册《孔乙己》一课的背景知识为例，表述一下崔老师的设计内容与意图。

（一）写作背景

孔乙己生活在清朝末年，距辛亥革命 10 多年。鲁迅创作这篇小说是在孔乙己生活年代的 20 多年之后，五四运动前夜。当时，科举制度已废除，但在北洋军阀政府统治下，封建文化和封建教育仍根深蒂固。1917 年在十月革命启示下，李大钊等领导和策动了新文化运动，向封建文化教育进行猛烈抨击。鲁迅积极投入反帝反封建的战斗，继《狂人日记》之后，写出了小说《孔乙己》这篇讨伐封建科举制度和封建文化教育的战斗檄文，并揭示那个社会芸芸众生的昏沉、麻木、病态，以"引起疗救的注意"。

【设计意图：好文章往往是作者在特殊条件下有感而发的产物。因为学生的思维能力有限，很大程度上停留在感性认识阶段，对《孔乙己》《变色龙》这类有特殊意义的文章，他们还不能很好地理解。这一环节可以引导学生结合写作背景更深入地了解人物形象。丰富的背景知识也能拓宽学生思维的广度，有助于提高学生的理解能力，取得事半功倍的效果。】

（二）名家眼中的孔乙己

鲁迅：孔乙己是一个遭社会凉薄的苦人。
叶圣陶：潦倒、不幸的读书人。

刘再复：贫贱而悲惨的"多余人"，失去人的尊严和资格、被社会所耻的下层知识分子。

钱理群：值得同情与焦虑的，有着悲剧性、荒谬性地位和命运的知识分子。

李欧梵：历史转折时期，落后于时代的，固守着过去价值观的被侮辱、被损害的读书人。

【设计意图："一千个读者，就有一千个哈姆雷特。"这一内容主要让学生认识到不同的人对孔乙己的不同评价，也告诉学生对小说人物的认识不能"人云亦云"，读者对文本的反应是多元的，应该结合自己的生活体验，有自己独特的见解和感受。这一内容也激发了学生阅读学习的兴趣，把自己与名家对人物的认识进行比较，以此养成良好的学习习惯。】

（三）咸亨酒店

咸亨酒店创立于清光绪年间（1894年），是酒乡绍兴最负盛名的百年老店。因鲁迅先生的小说《孔乙己》而名扬海内外，并成为当地的旅游热点。"咸亨"之名出自《易经·坤卦》之"含弘广大，品物咸亨"，意为万物得以皆美，寓意生意兴隆，万事亨通。

鲁迅笔下的咸亨酒店深入人心。酒店门前的"孔乙己"塑像也成为游客争相合影的"明星"。这个在鲁迅著作中多次提及的酒馆，已成为绍兴的旅游"名片"。

咸亨酒店之所以长盛不衰，靠的是鲁迅文化的影响力和酒文化的吸引力。到咸亨酒店的游客，更多的是出于对鲁迅这位伟人的崇敬，体验伟人作品中所刻画和打造的那种人情风貌。他们跨进咸亨酒店，"温一碗醇香的黄酒，来一碟入味的茴香豆"，或小酌浅饮，或吟诗作画，或对酒当歌，醉而忘返，体验到了一种浓浓的酒文化氛围。

【设计意图：孔乙己现在已经成了咸亨酒店的"明星"，咸亨酒店也成为绍兴旅游的"名片"。当学生了解到这些，就会对文章产生极大的兴趣，迫不及待地阅读文章寻找答案。设计这一内容，主要增强学生对鲁迅及其《孔乙己》的认识，扩大学生的阅读视野。】

（四）鲁迅名言

1. "一劳永逸"的话，有是有的，而"一劳永逸"的事却极少……
2. 哪里有天才，我是把别人喝咖啡的工夫都用在工作上的。
3. 踏上人生的旅途罢。前途很远，也很暗。然而不要怕。不怕的人面前才有路。
4. 伟大的心胸，应该表现这样的气概——用笑脸来迎接悲惨的厄运，用百倍的勇气来应付一切的不幸。
5. 杀了"现在"，也便杀了"将来"——将来是子孙的时代。
6. 不满足是向上的车轮。

【设计意图：作为文化的名言，是一种动态生成的鲜活的教育资源。它们是作者生活经验的结晶。学生们从名言中加深对作者的认识和理解，激起心灵的震撼。】

学生们对背景知识很感兴趣，常常边读边做批注。有的同学认同叶圣陶对孔乙己的评价，就在"潦倒""不幸""读书人"等词语的下面加上着重号，并写下这样的感受：苦读多年都一事无成，至死都没有落得一个功名，可悲、可叹、可怜！

这种简单的预习指导就像一座黑暗中的灯塔，给在知识的海洋中航行的学子们指明了前进的方向。学生们因为有了充分的预习，就会在"问题展台"一栏中提出比较有价值的疑难问题，便于教师及时了解学情，有针对性地备课，提高了课堂效率。

三、引发教与学方式的转变

有许多学生反映，课堂上老师讲得太多，他们每节课只能呆呆地坐着听，时间一长就像木偶一样，不想说，不爱动。为了锻炼学生"说"的能力，激发他们学习的热情，崔老师设计了"课堂学习指导纲要"，它共分五个环节：目标定向、学生先学、合作探究、点拨拓展和反馈评价。每个环节主要通过活动或问题来解决学习内容，突破重难点，进行拓展归纳，在自主、合作和探究的过程中学生不能解决的，老师才提供必要的帮助。

如在分析《变色龙》这节课的主题时，设计以下活动并放在合作探究环节中：假设第1—4组的同学受赫留金的委托，作为他的律师，状告奥楚蔑洛夫"徇私枉法"，而第5—8组的同学受奥楚蔑洛夫的委托，为他的行为辩护。请小组合作，为各自的委托人整理出精彩的辩词。通过辩论，你认为警官奥楚蔑洛夫是否会受到惩罚？

学生们对这样的辩论很感兴趣。学习任务刚刚下达，他们就以小组为单位，三个同学负责搜集材料，一个同学负责整理发言。老师加入到两个小组进行必要的引导。正方的一个小组只搜集了一条（小狗咬到赫留金的手指，侵犯了赫留金的生命健康权，狗主人理应赔偿，但警官奥楚蔑洛夫却因为小狗的主人是他的上司，就把罪名怪罪到赫留金头上，实在没道理），然后就陷入了沉默。崔老师引导他们走进文本，阅读第8段和第12段相关人物的语言，他们很快找出关键的句子："我要拿点儿颜色出来给那些放出狗来到处乱跑的人看看，那些老爷既然不愿意遵守法令，现在就得管管他们。"一名组员说："这句话给我们的信息就是放出狗乱跑是违反法令的。"另一名组员说："从第12段赫留金的话（他的法律上说得明白，现在大家都平等啦）中得知，当时法律上明确规定人人平等，既然将军的哥哥随便放出狗到处乱窜是违反法律的，就理应受到惩罚，但警官最后却没有让狗的主人承担责任，那就是徇私枉法。"

经过师生的共同努力，辩论开始了！每一个组推选一个代表，与其他组的代表组成辩论的正方或反方，采取陈述和自由辩论相结合的方式进行辩论。3分钟的自由辩论时间，学生们表现得异常踊跃，针锋相对，唇枪舌剑，将课堂活动带入了一个高潮。本来是指定一个小组派一个代表参加辩论，但随着辩论的进行，越来越多的学生主动站起来补充发言，结果这场本来计划3分钟的辩论又延长了2分钟。经过这场精彩的辩论，学生们理解了文章的主题。这样的课堂并不仅仅停留在表面的热闹，而是促使学生真正基于思考进行探讨。

基于"减负"目标化"教"为"学"，崔老师的语文课堂越来越精彩，它像一眼清澈的泉水，涌动着创造与灵感，展现着学生的个性与思索。学生每节课都像注入了新鲜的血液,充满了朝气和活力。崔老师也从以前僵尸般的生活中得到解脱,每天忙着读书,忙着与学生交流,看到学生自习课能够自主地预习,课堂上能够融洽地探讨交流,主动地表达,从容地展示,崔老师身心有一种说不出的舒畅,浑身有一种使不完的劲儿。

是多年化"教"为"学"的教学变革转变了崔老师的生活方向,引领着她不断地学习、思考与创新,从此真正地理解教师这一职业的神圣与伟大,感受到了教学变革给她的专业成长带来的力量。同时,也促使学生的学习生活方式悄悄地发生着转变,学生成了学习的主人。

第二章

精于启"思"成"品"

导语

什么样的要素能够体现课堂是有生命活力的？

是一问一答式的异口同声、全体参与吗？是以表现为本的自编自唱、"合"而不"作"吗？是随意评价下的小手林立、争先恐后吗？是知识搬迁式的文本灌输、提升成绩吗？我想绝大部分教师不完全认可这种单一模式的课堂，往深层次说，这不是教育的初心。

作为教育工作者，我们都希望通过教育让学生体会到知识与科学的魅力和神奇，在教育过程中体会自我生命的意义与价值，享受教育对精神需要的满足与滋养。

著名教育家苏霍姆林斯基讲："教室里一片寂静，学生都在聚精会神地进行紧张的思考。教师要珍视这样的时刻。课堂上应当经常出现这样的寂静。"

真正体现课堂生命活力的教学活动是以问题解决为中心、充满思维碰撞的对话，它能够生成精彩的观念和思维产品。最好的参与是思维参与，最好的对话是思维对话，唯有此，课堂品质方能提升。

但是，设计优质问题，对每个教师来说都是挑战；学习活动设计，是许多课堂仍需突破之处；用好课堂评价，又被称为世界性教学难题。如果改革能够突破这三大难题，将有效提高课堂教学的价值意义，同时也能为促进教师专业化搭建发展平台。

本章将会给我们一些启发，让我们一起探索如何最大程度地促进学生的学习，在课堂上让思维可见、学习真正发生，如何让知识与思想在课堂上激越、沸腾，帮助学生打开思维的新天地。

勿扰课堂学习者的思维秩序

在圆明园的荷花池边休憩，抬眼观赏满池子的荷叶之际，望见一老人，观其形象，感其气质，应该是一名艺术家或是教授。

看见他正慢慢走向对面的池岸，坐下来，从他的背包里拿出一张报纸铺开。出于好奇，我走过去，小心翼翼地打问："您想画画吗？您的画多少钱？"老者好像很专注的样子，只管做着自己的事情，没有搭理我。我不依不饶，又问了两次。此时老者轻声说："请不要打扰我的秩序。"

当时，我并没有理解老者这话的意蕴，不得不走开了。但是在以后的很长时间里，这句话一直在我脑海里盘旋，也一直在指引着我的思考与生活。

一、一节让听者怦然心动的课堂

由此想到了我的日常工作。观察老师的课堂，评议老师的教学，是我热衷且心仪的事情，因为在课堂教学的真实情境中，我能体会到一些令我怦然心动的知识、智慧、人格和情感。

在听评课活动中，老师们精心的备课、完整的环节、富有创意的板书、高超的课件、激情的讲授、先进的理念、灵活的策略等，都能给我很多的收获和启发，但是我还是不能触摸到感动自己的东西，因此，不想对这些常识性的问题再做些评论。

我听了一节语文课，课题是部编版语文九年级下册《海燕》，课堂以诵读为主轴，展开了自学、互学、助学、评学与验学，在不同方式的诵读中自然引导语言品析、情感体悟、问题解决和知识运用。

这是一堂从理念到操作、从学到教到管、从学到展到评协调一致的课堂。整堂课把精彩交给了学生，因此精彩的观念处处绽放。老师的作用仅仅是倾听，看老师侧耳倾听、侧身倾听、微笑倾听、凝眉倾听，倾听的功能发挥得淋漓尽致，学生的思维活跃了、勇气爆发了、自主合作探究的欲望点燃了，师生、生生思维碰撞频频发生，有显性的头脑风暴，有安静的暗流涌动，真实的对话发生了，深层次的学习发生了。

老师一而再、再而三地引导启发——谁补充一下、再想想、谁有不同观点，批判性思维开始弥漫课堂，课堂问题生成层出不穷，这是真正的为思维而教的课堂。

每个小组都有自己的个性化命名，以小组为单位组织课堂学习、进行评价，人人为集体的荣誉而努力。学生在进行独立思考后的、有成果可分享的交流。学生因此学会了互相地尊重、体谅、帮助，知道了集体的力量。

最后，课堂再以诵读活动结束，回扣主题，升华思想，点亮学生积极情感的心灯。对学生来说，这是一次精彩的精神之旅；对老师来说，这是一次课堂改进的大胆尝试。

这堂课让我思考课堂教学的目的到底是什么，以前我认为自然是知识的记忆与掌握，是教学目标和教学内容的顺利完成，是自主、合作和探究等学习方式的运用，是教学效果的有效达成，但现在我却有了另一种认识与思考。

二、打扰学生思维秩序课堂的表现

往下看看我在课堂上的发现，你将会看到各种令人不可忍受的、不尊重学生选择机会的、随意打扰学生思维秩序的事件。一节课老师尽情地翻转课件，一张一张地往下讲，偶尔提问几个学生，还时不时问学生是不是都明白了，学生都在被动地、机械地回答都会了；有的老师抛出问题后，就开始一个接一个地接龙式提问，或者任意点某些同学的名字站起来回答，但没有留给学生思考讨论的时间,学生实在回答不上来,老师则会直接告诉学生答案,课堂就这样匆匆运行着;有的课堂较好一点,老师会给学生思考讨论的时间,但是老师期待的答案往往是自己已经预设好的答案,好多有不同意见的学生不敢站起来回答,怕老师批评自己愚笨,也怕同学嘲笑自己的蹩脚表现。因为老师需要的是正确答案而不是每个学生的想法,因为老师长期的权威式授课,因为缺乏安全表达的课堂环境,学生自然宁愿做听众而不愿意冒险表达自己的与众不同的观点。

每每课堂上学生回答问题时出现了生成的问题,诞生了精彩的观念,我就迫不及待地期盼老师把教学进度慢下来,给学生反思、辩论、展示的机会,但是我经常获得的是失望,老师要么没有注意到这稍纵即逝的问题,要么不尊重学生的观念,不给学生尽情释放思维的空间,就匆匆了事迅速进行下一个教学活动和任务了。

评课时与老师沟通,经常听到这样的解释:没有注意到这些生成的问题和观念,怕停下来完不成教学任务,怕自己控制不了课堂,备课时没有准备这些问题,等等。而我却认为,一节课最关键、最核心、最精彩的地方和价值是不同的问题能生成、精彩的观念能诞生,是教师和学生处理这些问题和观念的过程与智慧。

一堂好课,并不仅仅在于任务完成得如何完美,方法策略如何多样,学生配合得如何流畅,课堂容量如何丰满,关键在于学生有没有问题生成的情境,有没有精彩观念的诞生,有没有思维碰撞的机遇。真正有生态意义的教学,就像自然界的生物链一样,不可随意打破,但事实是,我们的教师却不经意或故意去打破它,一段好端端的学习思维之旅,时常被无情地打扰,真正有意义的深度学习和批判性、创造性思维不能真正发生。

三、课堂的内在品质是批判性思维

新课程改革倡导自主、合作和探究等学习方式,提倡培养批判性思维,培养创新能力和综合实践能力,无疑是正确的。李树培在其译作《批判性课程:学校应该教授哪些知识》的序言中说:"我国的文化传统强调

'和而不同'，虽然可以不同，但一定要和。儒家文化强调对他人的同情和理解，秉持一种整体的、同情的、建设性的思维方式，有着高度的人文意蕴和文化价值，但是过于注重和谐，结果很可能会阻碍对真理的探索，导致压制异见、顺从权威。在我国，长期以来'批判'一词似乎暗示着对立、斗争、立场问题，其实是与其本意完全背离的，'批判性的'并不意味着'坏'，也并不意味着'批评'，相反，它意味着'看到更远处'，意味着内外反思。"

我认为，未经反思的课堂生活是不值一过的，"为思维而教"的课堂将是教学改革的必然趋势，但适合思维教学的文化氛围和生存环境还未真正形成，要想让思维教学真正全部进入教学实践中，指望大家自觉地去改变现状，去训练学生的思维，是不容易发生的。

郅庭瑾所著《为思维而教》一书中有一句话很有道理："学校教育从传递模式到创造模式的转变、从知识习得到思维训练的转变，关键的策略除了教材和课程改革，还有教师的思维转换。所有的转变，只有落实到改变教师的习惯性思维，相应的教学才有可能教会学生思维。"

因此，首先要引导教师始终鼓励学生运用批判性、创造性的思维去进行质疑，鼓励学生在知识的学习中提出问题、探查假设、寻求合理性。要求教师要转变自己的思维，从常规思维转向反思性和批判性思维，宽容学生的错误，把课堂上的错误当作教学的资源，始终不去控制学生。要求学生也要学会做自己思维的主人，不畏权威、不受束缚，努力创造自己的合理思维秩序。

《批判性课程：学校应该教授哪些知识》的作者内尔·诺丁斯指出，如果不对日常生活中的那些中心问题进行批判性思考，"教育"一词实际上就变得没有意义。他倡导的批判性课程实践样态是在跨学科的所有课程教学中自然有机地融入批判性思维，即任何一种课程设计都应该进行拓展，以便学生能有更丰富、更有价值的学习空间。该书作者提出如下追问：我们能否停止匆忙的习惯步伐去返回学生内心？能否直面和关照学生的真正兴趣与情感？能否创造机会和空间让学生生成观念、敢于质疑？能否尊重学生的选择和学习习惯？能否敬畏和欣赏学生的错误和幼稚？能否把自己所教授的学科从内部进行拓展，为学生提供更有意义的学习？

教学需要邀请学生检验自己的生活，需要遵循学生自然的思维秩序，需要体谅学生的不同观点和错误。如此，教师就不需要绞尽脑汁运用一些奖惩来从外部激励学生，而是引领学生把精力和热情投入到真正的兴趣上去，把错误作为教育资源和真正学习的起点，等待学生理解和接受自己的真实动机，敢于构建自己的立场。而这，需要我们都认真反思并记住那位老者的话："请不要打扰我的秩序。"

营造让学生思维流动的课堂

我听过数学老师张娜和英语老师赵金侠的课，在这两节课上，我都有同一种感受，那就是他们在自己的课堂上，都营造了让学生思维流动的场域。下面我把自己的观课所得与大家一起分享。

一、构建"容错"的课堂心理环境场

记得 2015 年，我担任班主任的那个班级，由于我工作的变动，学校安排由张娜老师来接替我当班主任，但是没多久，我就听说我们班的班主任又换人了，张娜老师突然因身体原因不能继续担任班主任了。从此，张娜这个名字就留在了我的脑海里。

2021 年，我又因为工作变动，回到老学校工作。一次我去七年级办公室，一位朴实且真诚的女教师主动与我打招呼："我叫张娜。"我立即记起以前的事情。

早就听说张老师的课很精彩，很有特色。带着一种学习的心态，我走进张娜老师的课堂。张老师这节课的教学主题是人教版数学七年级下册《平移》。张老师的情境导入环节很是简洁，可以说是单刀直入。仅举一例"观光的缆车"，就让学生说出这种运动的特点，引导学生说出位置变化，不变的是大小、方向。

接着直接提出什么叫平移，板书定义。此刻我有些怀疑：怎么看不出张老师课堂的特点啊，这么平常？但是接下来我却不知不觉听出门道来

了。张老师让学生用关键词说出除了平移运动还有什么，有的说出了轴对称，有个男生还说到三维空间。我替张老师捏把汗，学生是不是跑题了？但是张老师用很巧妙的方式迅速把话题转向课堂问题，学生在被鼓励中跟着张老师的问题继续思考。张老师让学生的思维发散，旨在运用比较策略，通过串联方式，调动每个学生的思维。

张老师非常注意让学生提出问题，鼓励学生讨论，她则走近每个小组、每个学生，个别指导，了解学情，提示用标准严谨的几何语言展示过程，描述方法。她在黑板上作图后让学生观察，问学生有什么发现。张老师的如下课堂用语值得学习："再商量。""还有其他的吗？"她注重不断地追问，留给学生充足的思考时间和交流机会。

我总结张老师课堂的特点是：出其不意，大开大合；教学相长，语言严谨；唤醒思维，求异存同；引导发现，产出观念；处处惊险，时时挑战。学生始终处于思维的活跃之中，张老师愿意让学生暴露真实的思维，看见思考的过程，让学生在"错中学"，然后在"做中学"，既注重学生的自主思考，又注重学生的小组合作学习，训练学生良好的思维品质。

如果用"不愤不启，不悱不发。举一隅不以三隅反，则不复也"（《论语·述而》）来评价张老师的教学，我认为更加贴切。这句话的意思是："不到心里想弄通却通不了的时候，我不启示他；不到口里想说出却说不出的时候，我不开导他。举出一角，不用其余三角自反自证，我就不再说什么了。"

如果大家以为我的评价有些夸张的话，让我们再读读张老师的学生章熙轲同学的评价："张老师的授课风格极有特点，总是能让我们在轻快的节奏当中学到更多的知识。她擅长营造活跃的课堂气氛，调动我们的思维，使我们全身心投入到课堂当中。她的板书也颇具风格，布局美观。总能有条理地安排知识点，每一部分之间都有相应的逻辑。最后，她经常倡导我们认真思考，培养我们举一反三、善于质疑的能力。将看似已经是定论的结论刨根问底，让我们明白缘由和知识之间的关系。梳理知识结构图、整理逻辑关系……"这些灵活的方法都是她上课时的诀窍。

最后，我想说，在张娜老师的课上，有一种文化在起作用，即"容错文化"，否则，学生的思维火花怎会被如此点燃而熠熠闪烁？那么什么是"容错文化"？"在课堂上，正确的可能只是模仿，但是错误的一定是创新。"特级教师华应龙如是说。"无错之课即错课"，"留机会给学生犯错，不随意截断学生犯错的思维'进程'，使他们感觉自己有权利犯错"。名师冯卫东的"错课观"及"鼓励、怂恿"学生犯错的观点更振聋发聩。

在张娜老师的课堂里，她营造了"容错文化"的课堂心理环境场；她构建了融错教学、教育流程链。这些，一定来自张老师的深度备课，这提高她对错误的识别、应对率；在课堂上，她克服潜意识举动，尽量不暴露出或让学生感知到答案正误和对该答案的重视程度；她会挖掘、利用错误，促使课堂动态深度生成；她鼓励学生尝试、挑战更难问题，勇于第一个把自己的见解与同伴分享；她更会运用巩固性纠错、变式性纠错、持续性纠错策略，尽量从根源上解决问题。

允许学生出错，容忍学生出错，就是尊重学生的劳动。可怕的不是学生犯错，而是教师错误地对待学生的错误。这一点真正做到很难，这需要有气量和胸怀，张老师做到了。

二、让学生在思考中不断建构新知、提升素养

2023年4月，有幸与赵金侠老师一起来到天府之国四川成都参加第四届全国"生本课堂"研讨会，赵老师受大会邀请呈现了一节公开课，课题为北师大英语七年级下册 Unit 4 Seasons and Weather Lesson 12 *Summer Holiday*。当我完整听完赵老师的课，一股兴奋之感油然而生。整堂课中学生的思维如涓涓溪流一般淙淙流淌，让我内心久久不能平静。

要给学生一个学习这节课的理由和冲动。的确，现在有很多的课的导入都很程式化，学生被动地听着老师的导入语，丝毫没有学习的欲望，学生的思维是僵硬的。这样的导入无趣又无味。赵老师从聊天开始，和学生分享第一次来成都的感受，一下子就让学生有了带入感。然后又问学生："If I want to share my trip to Chengdu, what can I do？"学生们纷纷为赵老师提出建议，有的说发电子邮件，有的说写信，一下子就把学生拉进了现实

生活。赵老师再话锋一转，引出了本课文本呈现的载体——明信片。这是一种对于学生来说很陌生的沟通方式，赵老师引导学生观察明信片的特点，让学生开始熟悉这种古老的通讯工具。接下来，引出本课的写作任务并提问："Can you write a postcard？"学生纷纷摇头。此时，呈现今天的学习文本已经水到渠成。将导入嵌入生活之中，给学生创设写明信片的语境，也就给了学生学写明信片的一个充分的理由和冲动，学生的思维的源头被激活了。

获取和梳理文本信息是阅读的重要环节。如何让学生通过阅读将文本的信息结构化是教师在进行教学设计时需要深思熟虑的话题。好的结构化信息梳理有助于学生深入理解文本，并能够为后续的输出活动搭建台阶，成为学生能力和素养提升的助推器。本课的文本以明信片为载体，讲述了第一次来中国过暑假的美国男孩 Tim 向他在美国的朋友 David 分享自己的暑假计划，可以概括为：四个地方（北京、西安、九寨沟和三亚）和三件事（学汉语、游览名胜古迹、看摇滚音乐会）。名胜古迹涵盖了人文景观（长城、故宫、兵马俑）和自然景观（九寨沟和三亚），涵盖了中国文化的诸多要素。在对文本深入解读之后，赵老师设计了如下表格，引导学生梳理文本内容，形成结构化知识：

Date	Places	Activities
the first two weeks	Beijing	learn Chinese
then		
July 24th—27th		
after that		
last stop		
tonight	Beijing	

随着阅读的不断深入，学生逐渐将碎片化的文本信息梳理成结构化的信息，思维活动如河水一般奔涌向前。

好的问题链可以有效助力学生深入研读文本，挖掘主题意义，实现学科育人的目的。本课中，赵老师设计了以下上位问题：

1. What do you think of Tim's summer holiday plan? Why?
2. What will Tim think of China after summer holiday? Why?

在学生回答问题的过程中，赵老师又通过问题链不断追问学生，如：Where is Tim going in China? What is he going to learn about China from these places? ... 引导学生发现 Tim 所到之处既有人文景观又有自然景观，从而推断出 Tim 通过游览这些地方对中国的历史文化和自然景观会有一个全面的了解，再加上对汉语的学习以及中国音乐的欣赏，会更加深入地了解中国的文化，从而激发学生对于自己祖国文化的自豪之情，增强文化自信。有的学生说：I think Tim's summer holiday plan is interesting. Because he is going to learn Chinese and take a tour around China. 有的学生说：I think Tim will think China is great. Because he will learn that our country has a long history and the sceneries are beautiful. 学生通过对文本的深入研读挖掘出了主题意义，思维就如同江水一般川流不息，一路向前。赵老师问学生：What do you think of our motherland? 学生们说：I think our motherland is great! Because we have a long history and we have beautiful mountains and clear lakes.

一节好课还表现在学生能够用所学知识解决现实中的真实问题。在本节课中，赵老师创设了一个具有真实性的语境：Summer holiday is coming. Your pen friend Jim is coming to Chengdu. Please write him a postcard and tell him your summer holiday plan. 在本节课所设计的所有的活动都在为这个任务进行铺垫。从观察明信片的格式入手让学生初步感知明信片的书写格式，然后引导学生梳理结构化信息，聚焦文本的内容，最后又引导学生梳理出表达计划的句式 be going to do sth 以及表达顺序的连词，如 then, after that, our last stop 等。为了让学生的语言更加丰富，赵老师又追问：How does Tim feel when he is writing the postcard? 学生在文本中获取到以下语言：Guess what! I can't wait! It's going to be exciting! ... 通过这样层层递进的活动，学生进一步完善了他们的计划。为了进一步激活学生的思维，赵老师又追问：If Jim is coming to Chengdu, where are you going to take him? What are you going to do? Why? 学生的思维从文本中迁移到了现实生活中，他们谈到了成都的名胜古迹，如武侯祠、杜甫草堂、宽窄巷子等。活动也涉及了拍照、吃小吃等。最终，学生终于完成了明信片的写作，达成了本节课的目标。

一节好课会让人久久回味。一节好课也会让学生的思维如溪流一般流淌不止。我理解的课堂就应该让学生不断思考，在脑海中不断重组、建构新知，从而提升能力和素养。课堂是一个有魔力的地方，它会让老师和学生的心灵在这里碰撞，并最终实现人的成长。

最后，我可以用一句话来总结两位老师的课堂：这两节课是最能体现2022年版新课标的课堂。

任务驱动思维成果的产出

上午第二节课，我走进初中毕业班九年级七班的教室，静静等待陈静老师的到来。伴随着上课前两分钟预备铃声，走进一位个头不高，却显得干练精致的女教师。她开始准备课件，要求学生回忆上节课内容，我可以看得出，她还没有发现我坐在后面。

在此，我不想罗列陈老师课堂教学的那些环节和内容，我想把她的风格或特点进行一下梳理，也许会对这位已有26年教学经历的老师有所启发。

本节课陈老师采取的是"任务驱动教学法"（暂且如此命名），按照陈老师的教学思想，一节课任务不能太多太杂，两到三个比较合适。其实这是一种"大任务教学"的理念。下面我提供陈老师设计的两个大任务，让我们一起走进她的精彩课堂。

任务一：阅读导读材料《说"勤"》，标出三要素，梳理本文的行文思路，画出本文的论证结构图。

任务二：熟读《敬业与乐业》，先批注三要素，然后整体梳理文章的行文思路，画出本文的论证结构图。

这与一般的语文老师的课是不同的，一般的课堂是从教学目标或学习目标开始，然后是情境导引、活动设计等依次呈现，而陈老师的课开门见山，首先出示的是学习任务。陈老师之所以这样做，是因为这两个任务的功能不是单一的。这两个任务其实既是这节课的两个目标，又是活动设计，还是问题设计，更是评价设计，实现了"目标、问题、活动、评价"

的一体化设计。

陈老师的任务设计基于学生立场，而不是教师的教学要求。其行为表现，即关注怎么学、学到什么，强调具体可操作；其行为条件，即先干什么，然后干什么，非常清晰；而学到什么程度，形成什么成果或产品，交代明确。

任务虽然没有明确问题是什么，但暗含问题的设计，并且都是学习内容的核心问题和关键问题，其特点是凸显"思维成果"，如"行文思路""论证结构图"。这种问题在课堂教学中起到牵一发而动全身的作用。因为关键问题解决了，其他问题也大都可以迎刃而解。还会在教师乃至学生心里积淀下一种积极的思维，这种能力的形成，对于解决其他问题乃至未来的发展，都会起到极其重要的作用。

学习任务中的行为动词非常准确，如阅读、标出、梳理、画出，熟读、批注、整体梳理、画出。在具体的教学互动中，以自主阅读与自主学习为主，也伴随适当的师生交互活动和群体协作活动。这些关键词明确引领学生自主进行思考合作。《学记》说得好，"开而弗达"。教师不把学生领进门，而是要让学生自己打开知识的大门，自己去探索那片神秘的未知世界。在交互活动中，陈老师有意识地示弱，让位于学生，只有学生确实解决不了的问题，教师才"千呼万唤始出来"予以引导。像《学记》所说的那样，"其言也，约而达，微而臧，罕譬而喻"。

任务设计也承担了课堂评价这一功能，不仅重视评价这一动作，里面暗含评价的量规，如"先批注三要素，然后整体梳理文章的行文思路"。这种评价的规则，是与学习同时发生的评价，将评价融合到教学的整个过程中，评价不再是学习的终结，而是改进学习方法、提高学习能力的载体。它有利于学生自我评价、自我反馈。

基于目标、问题、活动、评价一体化的任务设计，课堂学习由浅表学习走向深度学习，由任意为之走向专业设计，让"为什么教""教什么""怎么教""教得怎么样"这几个问题有了更加清晰、有效、科学的解决策略。这样的教与学，就有了《学记》上所说的"教学相长"与"学学半"的妙趣。

另外，我还发现了陈老师课堂上另外的一体化思想，如同佐藤学教授所提出的理念，即"倾听—串联—反刍"思想。

陈老师懂得倾听每一位学生的心声，完整接纳每一位学生的想法，在教学中尊重每一位学生的尊严。倾听不只是针对教师的行为要求，对于生生互动同样适用，看课堂学生的状态，学生有互相倾听的习惯。

所谓"串联"即教师在教学中把一个学生同其他学生串联起来，把一种知识同其他知识串联起来，把课堂里的知识同社会实际串联起来，把学生的现在同未来串联起来。陈老师有一个显著的思维品质，就是具有串联的意识，在教学的过程中，教师着重注意串联学生已学过的知识和未掌握的知识，重视迁移的力量，重视教学之间的关联性，注重课前课后的联系。甚至陈老师布置的家庭作业，还与课堂中的任务有关系。这是一种高超的教育技术。

观摩过众多课堂，学生"不懂"的时候能够直言不讳的课堂并不多见。要使学生的沟通既有深度又有广度，教师要做的不是诱导发言，而是要反刍。反思教学方式，促进每一个学生的课堂参与，组织多样的个体之间的相互切磋，课堂对话就一定能够更加丰富多彩地交响起来。在陈老师的课堂上，最精彩的片段即在此。课堂上陈老师抛出一个问题，请学生简洁完整地说出行文思路，她启发学生挑战、激励学生举手、留给学生思考时间、借表扬男生鼓励女生等举措，都属于反刍的策略。

在陈老师的课堂里，还不仅仅有这些"一体化"，她的板书设计采用了思维导图的形式，用了四种颜色的粉笔，内容与任务、整节课的重难点有机联系；她与学生的互动中，"提问、等待、引导"三个步骤同样构成了一体化的样态。

我认为，陈老师可以慢慢形成自己的教学主张，我希望陈老师从以下三个方面（余文森教授的观点）进一步加强自己教学的探索和研究：一是教学主张的教材化研究——使教学主张有根有源；二是教学主张的教学化研究——使教学主张看得见、摸得着；三是教学主张的人格化研究——使教学主张名师化、精神化。

也就是使自己的教学进入教师本人，成为教师人格的一部分和特征，把教学观进一步升华为自己的人生观、价值观，并转化为具有自己风格的思维方式、行为方式和生活方式。听陈老师说，她以前探索的是"问题导学"课堂，如今是"任务驱动"课堂，我认为，这是有联系的，后者是前者升级版。

阅读闫存林的论著《语文学习任务设计：原理、方法与案例》，我发现其中有一个正方形表格，里面有九个小正方形，中间是基于单元的主任务，四周都是围绕主任务的子任务，学生可以在大正方形里画一条直线，但必须经过中间的小正方形，这样学生就可以选择这条直线两端的两个子任务。我觉得这个案例是很值得借鉴的。

任务 1： 解密人物关系	任务 2： 画出人物成长·蜕变·救赎轨迹	任务 3： 为成长·蜕变·救赎的人写一首诗
任务 8： 撰写求生日记	为"世界文学人物长廊"撰写解说词	任务 4： 为一本书写推荐语
任务 7： 设计人物内心独白脚本	任务 6： 给最震撼我心灵的人物写一封信	任务 5： 撰写人物精神成长与命运关系主题采访提纲

也就是说，我期待有一天能看到陈老师这样设计任务：基于单元目标设计一个主任务（大任务），然后再基于这个主任务设计子任务（小任务），并且做到这些任务可以便于学生选择，注重任务素材情境与问题逻辑的有机联系，真正实现由"问题导学"课堂到"任务驱动"课堂的升级。

发现问题是解决问题的根源

课堂教学应该尤其重视优质问题的挖掘与呈现，心仪巧妙且科学的提问方式与技巧。课堂既不以"教师"为中心，也不以"学生"为中心，在课堂上教师和学生同时专注于"问题"这一主体，自觉地内生一种新的课堂秩序。我有幸走进高光彩老师的一堂生物课，感受到了这一观念的现场演绎。本文以《抗生素》一课的教学设计和反思为例，来探讨课堂教学中问题的设计和实施，揭示"发现问题是解决问题的根源"的奥秘。

一、课前调查，发现真问题

所谓真问题，高光彩老师认为主要指两个方面：一个是学生中存在迷思概念，另外一个是生活中真正的生物学相关问题。因此，高老师提前在学生中间做了调查。本节课源自北师大版生物八年级下册，主要讲的是细菌和病毒。通过调查发现学生存在以下两个迷思概念：一是分不清细菌和病毒，二是认为细菌和病毒都是对人类有害的，应该彻底消灭。因此，高老师提出如下目标：希望学完本课后，学生能够说出细菌与病毒的主要特征，并比较二者的不同，还能从利弊两个角度描述细菌和病毒与人类的关系。

二、借助情境，分层设计问题

有了想要解决的问题，怎么把这些问题串联起来，形成一个整体，并且能让问题引领师生，层层深入，来一场思维探索的饕餮盛宴？

首先，选择一个合适的情境。随着新课改的深入，生物教学愈发注重学生核心素养的发展。生物核心素养是公民基本素养的重要组成之一，是学生在解决真实情境中的生物学问题时所表现出来的必备品格和关键能力。由此可见，要想提高学生的生物核心素养，在教学过程中，应该注意选用真实情境，并提高学生解决真实问题的能力。

据高老师介绍，恰逢她女儿生病，关于是否要用抗生素治疗，家里人意见不统一。这也是生活中经常遇见的一个问题：有的人对抗生素奉若神明，有的人提起抗生素便谈虎色变。那么到底应该怎样对待抗生素呢？抗生素对细菌有效，对病毒无效，正好可以借助这一点，让学生区分细菌和病毒。于是高老师决定借助抗生素这个情境，把相关问题串联起来，希望学生通过学习抗生素和思考讨论相关问题，能学会运用所学生物学知识解决实际问题，初步提高生物科学素养，形成健康的生活态度。

其次，要分层设计问题。要将"学习点"拆成有思考价值的问题。下图是本课的问题设计框架：

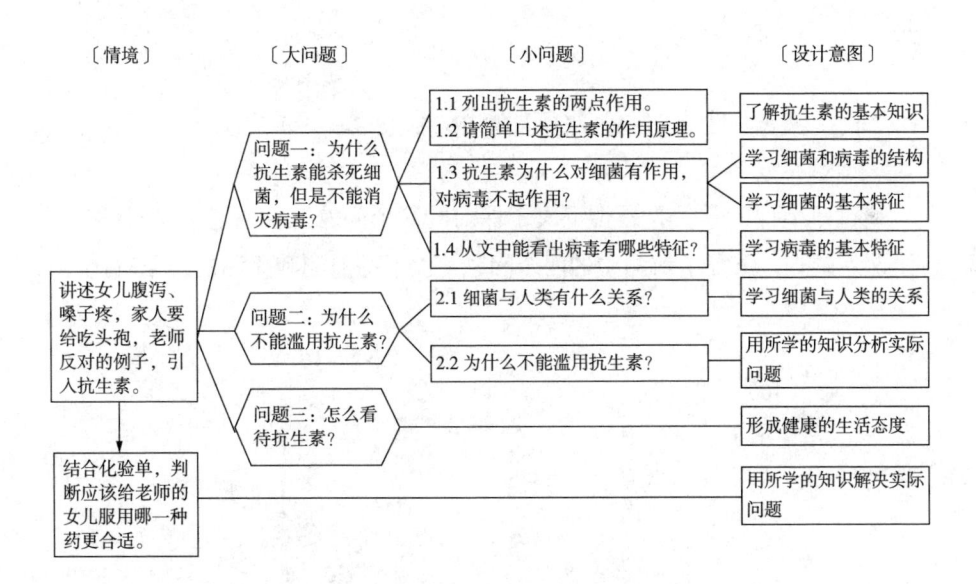

〔情境〕　　〔大问题〕　　〔小问题〕　　〔设计意图〕

情境	大问题	小问题	设计意图
讲述女儿腹泻、嗓子疼，家人要给吃头孢，老师反对的例子，引入抗生素。	问题一：为什么抗生素能杀死细菌，但是不能消灭病毒？	1.1 列出抗生素的两点作用。 1.2 请简单口述抗生素的作用原理。	了解抗生素的基本知识
		1.3 抗生素为什么对细菌有作用，对病毒不起作用？	学习细菌和病毒的结构 学习细菌的基本特征
		1.4 从文中能看出病毒有哪些特征？	学习病毒的基本特征
	问题二：为什么不能滥用抗生素？	2.1 细菌与人类有什么关系？	学习细菌与人类的关系
		2.2 为什么不能滥用抗生素？	用所学的知识分析实际问题
	问题三：怎么看待抗生素？		形成健康的生活态度
结合化验单，判断应该给老师的女儿服用哪一种药更合适。			用所学的知识解决实际问题

本文围绕抗生素主要设计了以下三个大问题：

第一个问题：为什么抗生素能杀死细菌，但是不能消灭病毒？为了解决这个问题，学生需要通过阅读科普文章了解抗生素的作用和原理，因此有了问题1.1和1.2两个小问题。在此基础上，通过学习对比细菌和病毒的结构，学生能够很好地回答问题1.3。同时，还能够从科普文章中总结问题1.4的答案，学习病毒的基本特征。

第二个问题：为什么不能滥用抗生素？要想解决这个问题，学生要先了解细菌和人类的关系。本课通过师生分别举例，帮助学生意识到细菌对人类既有有害的一面，也有有利的一面。然后再结合以前学习过的生物遗传和进化的相关知识，通过小组讨论，学生能够解释为什么不能滥用抗生素。

第三个问题：怎么看待抗生素？结合前两个问题，学生总结我们应该慎用抗生素，先确定是否为细菌感染，如果是细菌感染，则谨遵医嘱，服用抗生素治疗。

探讨完以上三个问题之后，再回到课前提出的真实情境中，结合血常规化验单，由学生来判断该如何用药，提高学生学以致用、解决实际问题的能力。

三、课后调查，验证问题解决效果

通过一节课的学习，是否解决了课前的几个问题呢？高老师又对学生进行了课后调查，重复了前测中的四个问题，以下是前测和后测的结果对比：

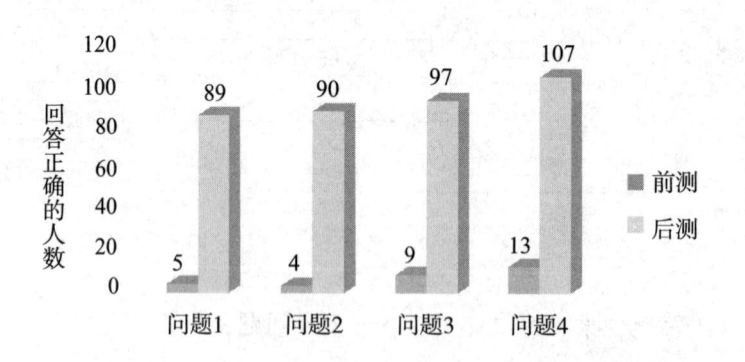

回答正确的人数	问题1	问题2	问题3	问题4
前测	5	4	9	13
后测	89	90	97	107

（注：问题1：什么是抗生素？问题2：什么情况下可以使用抗生素？问题3：为什么不能随意使用抗生素？问题4：细菌和病毒是有益的还是有害的？）

通过对比前测与后测调查结果，发现虽然还有学生不能准确说出什么是抗生素，分不清细菌和病毒，但是，大部分同学都形成了不能滥用抗生素的意识，以及细菌和病毒与人类的关系是利弊共存的，不能只是一味地消灭。因此，高老师认为本节课的内容已经初步解决了课前提出的问题，同时也能够帮助他们在今后的生活中，做出正确的决策。我觉得这比让他们考高分更有意义。

教学完成后，高老师对自己的教学进行了反思，我认真阅读她的文章，知道了她从这一节课的备课、上课和课后调查中，萃取了以下经验：

一是多积累生活素材。生物是一门与实际生活紧密联系的学科，也是一门旨在提高学生解决实际问题的能力的学科，所以我们要尽量用真实的情境，解决真实的问题。这就要求我们做个有心人，平时多观察生活中的生命现象和问题，多思考背后的生物学规律，以便随时能拿到课堂上来讲解，提高学生的生物核心素养，让学生逐渐从在课堂上解决生物学问题，到在生活中解决生物学问题。

二是了解学生的迷思概念。我们在备课的时候，不要想当然地认为学生"应该"怎样，我们要躬下身去，走到学生中间，去了解他们的已有认知，然后站在他们的角度，从他们的现有水平出发，去设计符合学生难度的课堂。

三是刻意练习问题分解的能力。以问题为主体的课堂，并不是用问题堆砌的课堂。我们一定要先围绕本课的核心概念设计一个主问题（大问题），然后将主问题逐级分解为小问题进行探究，最好让学生形成整节课都在探讨一个问题的印象，那这个问题必将深刻。但是这种设计并分解问题的能力，并不是简单就能获得的，因此我们在平时的备课和讲课的过程中，一定要多加练习，增强提炼主问题和分解问题的能力。

以"问题"为主体实现生命对话的课堂是今后教学改革的必然趋势，它便于课堂形成"思维与对话"的内在品质。最大限度地促进学生的学习，在课堂上让思维可见，让学习真正发生。

新课堂应聚焦思维品质

《义务教育英语课程标准（2022年版）》指出：思维品质是指人的思维个性特征，反映学生在理解、分析、比较、推断、批判、评价、创造等方面的层次和水平。学生应通过课程学习，在语言学习中发展思维，在思维发展中推进语言学习；初步从多角度观察和认识世界、看待事物，有理有据、有条理地表达观点；逐步发展逻辑思维、辩证思维和创新思维，使思维体现一定的敏捷性、灵活性、创造性、批判性和深刻性。

落实课标的教学观要求教师在组织教学内容时以"人与自我""人与社会""人与自然"等三大主题范畴为引领，以连续性文本或非连续性文本、口语语篇或书面语语篇等不同类型语篇为依托，以及在设计与实施教学活动时体现学思结合、学用结合、学创结合的英语学习活动观。"教师要遵循英语学习活动观的路径，围绕主题，将语言、文化、思维三者紧密结合，组织逻辑关联、循环递进的系列学习活动"，鼓励学生在体验中学习、在实践中运用、在迁移中创新，"确保语言学习的过程成为学生语言能力发展、思维品质提升、文化意识建构和学会学习的成长过程"。阅读是作者与读者共同参与的语言交际活动，是语言和思维互相作用的过程。因此，在阅读过程中提高思维品质是切实可行的。

本文以汪润艳老师执教的北师大版九年级全一册 Unit 6 Role Models Lesson 16 *Yao Ming* 一课为例，阐述汪老师在课堂上是如何实践探索思维品质阅读教学的。

一、深入挖掘文本信息，找准思维品质提升切入点

要想在阅读课上发展学生的思维品质，教师首先要根据文本特征找到提高发展学生思维品质的切入点，找准切入点才能做到有的放矢。因此，教师首先要作为一名读者认真研读文本，与文章的作者进行思维上的深层交流，不仅挖掘出作者通过文字想要表达出的表层信息，更要找出文本的深层信息和含义。这深层信息和含义就是提高学生思维品质的切入点。

此节课的文本以时间为线索，主要讲述了姚明从2002年加入美国NBA到2011年退役期间的职场生涯和慈善事业，同时还提到他在美国遇到的文化差异和语言等方面的困难。这是文章的表层信息，是一条明线；暗线是讲述姚明的职场生涯和慈善事业取得巨大成就的原因以及他克服困难的方法。姚明身上所具备的勤奋、上进、谦虚、善良、乐于助人、团结协作等优良品质，是他能够取得如此成就的基础。那么，本课提高学生思维品质的切入点就是让学生通过阅读课文认识到姚明身上所具备的这些优良品质，并向他学习。

二、定准学习成果目标，为思维品质教学设计奠定基础

成果目标是学生应当知道、理解或能够做的事情，它是完成某项学习活动或学习任务的结果。只有当学习者知道学习的结果如何时，才能发生学习兴趣。因此，要想培养学生的思维品质，就要将思维品质元素融入成果目标。有了这样的成果目标，教学活动才会围绕着提高学生思维品质而展开。但是成果目标不能只关注思维品质的发展和提高，相反首先要关注的是学生对于文本基本信息的感知、获取、梳理、概括和整合，这些是思维品质发展和提高的前提。

将本课的成果目标设定为：

到本节课结束时，学生能够：①通过阅读，以时间为线索梳理出姚明职业生涯的主要成绩和慈善事业，以思维导图形式呈现（至少找到5点）。

②通过阅读，分析并谈论姚明取得成就的原因，并从文中找到依据（至少3点）。③学习姚明所具备的优良品质并与自己的生活与学习联系起来（至少1点）。

第一个目标指向学习理解，是第二、三个目标实现的基础和前提。第二、三个目标指向实践应用和简单的迁移创新，是第一个目标的延伸和扩展，是发展学生思维品质的载体。三个目标逐层递进，相辅相成，相互融合，促进学生思维品质的发展。

三、巧设情境导引，激活背景知识

在情境导引环节，汪老师充分利用班内相当一部分学生，特别是男生是姚明的粉丝这一现状，首先出示姚明的一张照片，提问学生：Do you know who he is? What do you know about him? Do you know what happened to him in 2002? Was he successful? 汪老师将同学们的答案的关键词写在黑板上，形成了姚明早期的概况，让那些不关注篮球的同学也有所了解和感知。通过提出问题，使学生聚焦了本课话题，铺垫了语言，激活了学生关于姚明的背景知识，学生在心里对于本课的内容有了一定的猜测和想象，激发了学生学习文本的兴趣和热情，也激活了学生的思维。

四、精心设计活动形式与内容，为提高思维品质搭建平台

当知识与积极的活动紧密联系在一起的时候，学习才能成为孩子精神生活的一部分。因此，精心设计活动形式及内容非常重要。汪老师抛出问题：What are the achievements of Yao Ming? Make a mind map according to the time. 几乎全班学生都根据时间线索画出了自己的思维导图，然后根据思维导图和上一环节的板书分别以个人、小组和班内展示的形式描述姚明的职业生涯和成就，对信息进一步内化。这一过程中，学生利用思维导图组织信息和语言，建构结构化知识，呈现具有思维含量的问题和活动，体现了

学生课堂学习的主体性，促进了学生逻辑性思维的发展。下面是学生完成的思维导图：

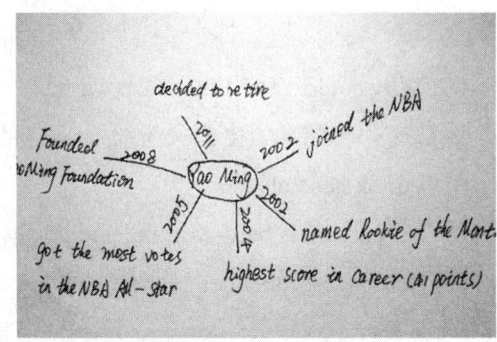

五、凝练优质问题，优化课堂提问，引发思维深层对话

课堂上教师通过问题的引领，引导学生定向思维，促进生生、师生、学生与文本间信息的交流，是一种行之有效的教学方法，是促进学生思维发展的重要手段。因此，问题的质量直接影响着成果目标实现的效果和学生思维品质发展的程度。怎样才能提出高质量的问题？提出高质量问题需要提高文本研读的深度和广度，同时好的问题必须是围绕着成果目标而提出的，必须是为更好地实现成果目标而服务的。教师应该根据对文本的解读和成果目标的设定，设计出符合学生认知规律，具有较强的系统性、逻辑性、层次性和连贯性，能够激发学生兴趣、引领学生探究和提高学生思维的问题。

Q1. What do you think Yao Ming's greatest achievement is?

学生聚焦这一问题发表了不同看法：

S1: I think his greatest achievement is he joined the NBA, because it's the beginning of his successful road.

S2: I think his greatest achievement is he scored the highest career of forty-one points because he became famous since then.

S3: But I think he founded The Yao Ming Foundation because he helped many people.

S4: I think his greatest achievement is he won the hearts of people all over the world.

…

Q2. Why could Yao Ming achieve a lot?

针对这一问题，学生们又纷纷发表自己的看法：

S1: I think he is clever.

S2: Because he is hard-working and he always tried to improve himself.

S3: Because he remained modest and valued his team members.

S4: Because he is very kind, he founded The Yao Ming Foundation.

S5: Because he is strict in his training.

S6: Because he has a strong will.

学生们在这一过程中不断分析、判断，得出结论，促进了学生逻辑性和批判性思维的发展。

Q3. What difficulties did he face? And how did he overcome the difficulties?

学生通过阅读文本即可找到答案：He had to deal with the cultural differences and language difficulties. His personality and hard work helped him overcome the difficulties.

Q4. What is his personality?

学生们纷纷回答：He is kind, modest, hard-working and clever.

Q5. Is his good personality and quality important? Why?

有些学生回答：They are important because they not only help him achieve a lot but also help him overcome the difficulties.

通过这些问题的引导，学生们就会明白这些好的性格和优良品质不仅帮助姚明取得了巨大成就，也帮助他克服了困难。

Q6. What can we learn from him?

学生发言：

S1: If we want to achieve a lot, we should be hard working like him.

S2: We should be modest and value our classmates like him.

S3: When we meet difficulties, we should face bravely and try our best to beat them.

S4: We should try our best to help people in need like him.

…

这些问题引导学生深入思考文本，上升到与作者进行思想交流的层面，进一步探究姚明取得成就和克服困难的根本原因，同时要学习姚明身上所具备的优良品质，并迁移到了学习生活中，提高了学生创新性思维的发展。

整个过程中，互相倾听是非常重要的，因为互相倾听是互相学习的基础。形成互相倾听的课堂环境的第一步，是教师自身要自始至终地、保持专心一意地、郑重其事地听取每个学生的发言，在学生思维需要启发的地方善于使用"what do you mean""do you mean/think…""what's your idea about that""do you agree with her/him"等引发学生进一步思考并表达。

汪老师认为，在构建思维品质课堂时，教师不要只顾自己讲话，应该耐心倾听每一个学生的发言，在与学生对话时对自己的言辞进行谨慎的选择，并做出敏感的对应，慎重地选用每个学生都能理解的词语讲话。这样，学生之间就开始相互倾听，在课堂里形成仔细倾听别人的讲话、互相交换意见的关系，经常会出现"I agree with you, but I think…""I don't think so because…""I also think…"这样的语言，碰撞出思想的火花，使思维得到发展。

六、创设拓展迁移机会，鼓励学生进行知识建构，创造性做事

拓展迁移应是由课内到课外的延伸，也是由课外到课内的回归过程。拓展迁移的角度或素材应围绕着文本展开，寻找拓展迁移的知识和文本材料间的共同点，通过相互作用同化文本知识，达到拓展迁移的目的。

在这一环节中，汪老师让学生谈论自己喜欢的一个人，共设计四个问题：1. Who is your favorite person? 2. Why do you like him/her? 3. What did he/

she do? 4. What do you learn from him? 学生们将文本中学到的描写姚明的方法和语言运用到介绍自己喜欢的人这一任务上，介绍的人物也不仅限于名人，而是迁移到了他们身边的朋友、父母和老师身上。学生在这一环节真正做到了学以致用，真正将学到的知识内化为方法和能力。这一环节意在提高学生的创新能力和迁移能力。

同时，教师在课上传授给学生的不仅仅是知识，还有掌握知识和形成能力的方法与路径。学生通过教师在各个活动中的引领，逐渐在头脑中形成清晰的知识和能力形成的路径，才能够将知识真正地吸收和理解，才能够更好地运用。汪老师还注重教学生学会知识建构，在本堂课中，学生主要采用了思维导图的形式将姚明的主要成就及遇到的困难和他所具备的优良品质之间的关系进行了梳理，并写下自己的收获。这一环节旨在使学生回顾本课内容，明晰知识与能力形成的路径，形成自己的知识框架，提高学生在归纳、总结、梳理等方面的思维能力。

通过观察分析汪老师的课堂探索，我认为，在英语阅读课上提高学生的思维品质切实可行，也势在必行。教师只有不断提高自身专业修养，研读文本更加深入些，制定教学目标更加准确些，问题凝练更有深度些，活动设计更加丰富些，倾听和引导更加到位些，才能更好地帮助学生发展其思维品质，更好地落实英语学科核心素养，为学生未来学习打下更加坚实的基础。

思维课堂要有好的提问方式

在观察教师的常态课堂中,经常发现和遇到课堂提问中存在着一些共性问题,看来,一线教师对课堂提问缺乏深入系统的思考与研究。刘传先和申虹的文章《课堂提问教学解读与评价》,给大家呈现了我认为比较容易理解的关于课堂提问的一个概念:课堂提问是教师在课堂教学的过程中,根据教学目标、教材内容及学生的身心发展特点,通过设置问题,经过发问、叫答、候答、应答、助答、理答一系列环节,最终能够为实现教学目标和促进学生思维发展、能力提升提供服务的课堂教学方式。

美国教学法专家斯特林·G·卡尔汉(Sterling G. Callahan)认为:"提问是教师促进学生思维、评价教学效果,以及推动学生实现预期目标的基本手段。"思维课堂需要教师通过课堂提问激发学生深度思考,引导学生联结新旧知识及经验,提高问题解决能力,实现学生的深度学习。因此,课堂提问的有效利用成为落实新课标,提高课堂教学质量,提升育人质量的重要因素。现借助专家的观点进行比较集中的分析,并提出一些建议。

一、徐洁:浅析课堂提问中存在的15个不良倾向

1. 提问一点即过,学生思考时间短。教师提问后,留给学生思考的余地少,改变话题快,无形中舍弃了问题本身应挖掘的、值得探讨的东西,提问如蜻蜓点水,毫无实际意义,学生的主体地位得不到落实。

2. 提问过于频繁,碎问碎答。教师提问数量过多使学生忙于应付,无

暇深思，重结论轻过程，提问流于形式。有的教师试图挖掘文中的每个知识点，肢解课文，问题无论大小，面面俱到详细阐述，破坏了作品的整体美，学生淹没在大量问题中，没有时间进行自主解读和质疑，不利于掌握知识，出力不讨好，得不偿失。

3. 提问随意性大，过于概括或模糊不清。有的教师没有精心钻研教材重难点，课堂提问粗制滥造，或不够简洁，或空泛、抽象，随意性大，东拉西扯，偏离主题，让学生摸不着头脑，也就无法回答。学生思维能力的培养无从谈起，甚至助长了学生不动脑。

4. 提问没有层次性，对较难问题没能铺设好台阶。问题设置梯度不够，提问超前、复杂，学生不能理解或只处于一知半解的状态，出现冷场现象。难度过高的问题，容易挫伤学生思维的积极性。

5. 提问形式单一。教师忽视对问题的精心设计和组织，问题单一，过于简单僵化，缺乏科学性，了无新意，很难促使学生积极思考，不利于学生进行思维训练。

6. 提问面较小，只有少数学生回答问题。有的教师在一堂课只提问少数学生，提问比较固定，不能兼顾全体学生。有时，其实是用优生的思维代替了全班学生的思维。

7. 教师控制问题的答案，有霸权倾向。教师表面上是在提问学生，其实是自己牢牢地掌控着问题的答案。要么有意无意地向自己预设的答案引导，要么直接用自己的答案控制课堂。

8. 问题的开放性不够。教师或许是怕学生的回答与自己想要的答案相去甚远，就把问题简化，只问"是不是""对不对""好不好""同意吗"等毫无启发性的问题。表面上，教与学双边活动热闹非凡，实际上问题多而滥，线索不清，重点不突出。表面上是提问，实际上是"灌输"，提问和思维的质量极低。

9. 缺失思考性，多是记忆性问题。所提的问题停留于表面，缺乏深度，学生在课本上可以轻易地找到答案。

10. 先点名后提问。先点名后提问，被提问者很紧张，而没被点名者放松或放弃思考，等待观望。这对调动每一个学生的思维积极性不利。

11. "排火车"或齐声回答。让学生按座次站起来一个接一个地回答问题，表面上节省了提问时间，但是，问题的设置与学生的学情不匹配，效果不佳。让学生齐声回答提问，表面气氛活跃，可能有学生滥竽充数，不能真实地检查学生的学习情况。

12. 假借提问惩罚学生。当学生听课不专心时，教师立刻提问该生，使学生非常反感。教师可以问基础差的学生没有什么难度的问题，但不可多问，否则，学生会觉得教师看不起他们。

13. 对学生回答的评价不当。教师不会倾听学生正在回答的问题，对学生的回答不做评价或评价不合理。有时只讲究回答的对与错而不做具体分析。或者消极反馈，打击了学生参与课堂交流的愿望，挫伤了学生思考回答问题的积极性；或者陶醉于学生能答出正确答案，不能灵活应变，追问扩大战果。

14. 教师重复学生的回答。有的教师习惯于把学生的答案重复一遍，这虽然有利于学生听得清楚，却浪费了宝贵的时间。

15. 忽视培养学生的提问能力。有的教师重视本人提问，却忽视了学生提问意识的培养。有的教师没有为学生留出提问时间，或对学生的提问不理不睬，这容易使学生的学习热情消退。

二、优质提问的解决方法与策略

课堂中教师提问的问题一般可分为两类：一类是弄清楚知道什么，即诊断性问题，这类问题可以检测知识掌握情况，展示学生当前学习现状；另一类是挑战学习者思维，即开发性问题，这类问题可以引发好奇与探究兴趣，展现学生的精彩观点和思维依据。

如何从实质上彻底解决上述课堂提问中常见的15个问题，同时实现课堂中两类问题的功能呢？下面我首先介绍布鲁姆的目标分类阶梯式提问方式。

1. 指向知识：回应性问题。举例：……之后发生了什么？有多少？结局是怎样的？

2. 指向理解：推理性问题。举例：你能用你自己的语言来写……吗？你是如何认为……的？……主要意思是什么？你能辨别……与……之间的区别吗？你能通过举例来说明你的意思吗？

3. 指向应用：新情境问题。举例：你能把这个方法运用到你自己的某些经历之中吗？如果……，这些事实会发生什么变化？这个可能会发生在……吗？

4. 指向分析：比较、对比、推测性问题。举例：这个与……有哪些相似之处？如果……，哪一件事情不会发生？为什么会发生这样的事情？这个故事的转折点是什么？

5. 指向评价：判断、反馈性问题。举例：对……有更好的解决方案吗？……有怎样的价值？你建议做什么改变？为什么？你为什么认为……？

6. 指向创造：新产品问题，假设性问题。举例：你能设计一个……吗？如果……，可能会发生什么？你不同的想法或思路是什么？你能起草一份建议书吗？

大岛祥誉所著《学会提问：麦肯锡工作法》一书告诉我们，问题还包括了一定的方向性。也就是说，我们要向着某个方向去提问。换言之，我们提出的问题将会给思维赋予方向性，将会决定我们思考的焦点方向。无论在形式上做得多么像一个好的提问，如果提问的方向出了问题，也无法让我们获得一个好的答案。

好的提问大致应满足以下四个方向：

一是询问事物的本质，抓住问题的核心。例如，摆放在房间里的盆栽漏水了，我们可以尝试提出根本性的问题：到底为什么会漏水呢？实际上有些植物即使很少浇水也可以生长得很好，这样的提问能让我们联想到"浇水过量"也可能是导致漏水的原因之一。我们在解决工作上遇到的问题时，这种思路是较为有用的一种。

二是面向未来的提问，寻找"原本应有的姿态"。所谓"面向未来的提高"，就是指并非一直在过去的延长线上进行思考，而是从"到底想要一个怎样的未来"的视角出发进行提问。可以从"原本应有的姿态"出发进行逆向思考，这样才能帮助我们弄清楚目前真正应该去做的事情，而且还能帮助我们跳脱现有的前提条件，以一种"从零开始思考"的心态来看待事物。乍一看不可能做到的事情，通过"该怎么做才能成功"这样面向未来的提问，就可以将其转变为可能。谷歌公司的自动驾驶汽车等产品，可以说就是从这样的思路中诞生的。所以，仅仅一个提问，就能让我们更加接近原本不可能的未来。

三是跳脱出条条框框的束缚，拓宽可能性。与其面对摆在眼前的具体问题考虑"是或否"，不如换成"自己真正想去完成的大事是什么"，类似这样越是宏大的提问，越能让我们跳脱条条框框的束缚，从而拓宽可能性。不仅是在工作上，甚至包括整个人生，都有必要通过提问，从一个较为宏大的视角来进行思考。

四是引导对方说出真实想法，激发对方。我们作为提问的一方需要特别注意的是，在问题中不要含有类似答案的信息。也就是说，只有让被提问的一方主动注意到"答案"，他才会有恍然大悟的感觉。像这样抓住事物本质提出的问题，具有激发对方主动采取行动的神奇魔力。

麦肯锡工作法当中的四种提问方向，能够启发我们如何设计提问的问题，如何利用问题与学生交流、沟通，拓展问题提问视角，激发、引导学生发现、说出理想的答案，也能吸引、激励学生认真思考的注意力，训练其思维的广度、深度、宽度，发展其批判、对比、串联等思维品质。

以上介绍的提问方式及建议，是基于比较深层次的理解提出的，虽然不是现成的方案，但是其思路、方式可以作为我们教师进行问题设计的理念，转化为提问行为，结合平时课堂中自己暴露出的提问缺陷，促进问题设计能力与提问技能的提升，从而让课堂教学更加有效。比如，教师在问题设计时，要凸显"思维成果"，变封闭性问题为开放性问题；不要内含答案，明知故问，让学生简单迎合；把记忆性问题变为分析比较、异同对比、分类和寻找例外情况的问题；不要只求答案，更要关注如何得出答案……

课堂提问可以诊断学生的学习现状，及时了解课堂教学效果。课堂提问可以调节课堂气氛，调动学生学习积极性，集中和吸引学生的注意力。课堂提问可以激发学生的积极主动思维，引发学生的思考，激发学生的学习动机和参与兴趣。课堂提问能让学生了解自己的情况，能让学生积极主动地进入思考状态，帮助学生有效学习，构建完整的知识体系，有利于学生自主学习能力的提高。学生通过有效回答老师的问题，能够提升自己的语言表达能力、分析问题能力。我们要促进师生双向的互动，加强师生情感交流，实现教学相长，提升教与学反思的时效性。

当然，关于课堂提问的意义与价值不止上述内容，在此仅仅列举其中相对重要的功能。但是，为了课堂提质增效，为何要重视课堂提问，如何规范课堂提问，如何有效进行课堂提问，如何引导学生积极思考、主动提出问题、学会提出问题，值得我们每一位教师认真思考与研究。

关于有效的提问技能，IBSTPI 教师能力标准（2004 年修订）给出具体的六个指标：提出清晰和恰当的问题，有效跟进学习者所提问题，使用多样的问题类型和问题层次，提出并重新引导到那些促进学习的问题，用问题激发和引导讨论，以回答问题来连接学习活动。这些指标应该成为我们设计问题和提问题的重要参考原则。

最后，进一步补充说明一个观点：课堂提问绝对不是越多越好，而是越精越好，要把关键问题提好。关键问题多能在课堂教学中起到牵一发而动全身的作用，因为关键问题解决了，其他问题也大都可以迎刃而解。同时，在教学中长期关注关键问题，还会在教师以至学生心里积淀下一种积极的思维，即从看似纷乱的问题中，去粗取精，去寻觅最有价值的关键问题。这种能力的形成，对于解决其他问题乃至未来的发展，都会起到极其重要的作用。

以问题串培养学优生的思维能力

在基础教育中加强对高素质人才的培养,要求一线教师在教学中要做到因材施教。对于数学学优生,更要让他们发挥自己的特长,争取优中更优。学优生有狭义和广义之分:广义的学优生是指学习成绩优秀,学习习惯好,学习态度端正,对学习有浓厚的兴趣,具有优良的思维品质,勤于思考,富有创造性,有较强的自信心和抗压能力的学生。狭义的学优生单指学习成绩优秀的学生。本文所指的学优生是广义的学优生。对于数学学优生的培养当然会是很多方面的,本文以我观察的丁曼旎老师的一节课为例,来谈谈丁老师在教育教学中是如何对数学学优生进行思维能力培养的。

本节课来源于人教版教科书八年级下册"一次函数"的"阅读与思考",如下页图所示。

"阅读与思考"被安排在第十九章"一次函数"第一节"函数"的末尾,学生已经初步学习了函数的基本概念和函数图象,它属于函数应用的范畴。万物皆变,为了研究这些运动变化现象中变量间的依赖关系,数学中逐渐形成了函数概念。人们通过研究函数及其性质,更深入地认识现实世界中许多运动变化的规律。科学体现了人类对自然变化规律的探索,也正是函数发挥作用的地方。"阅读与思考"分享的正是科学家运用函数这个数学工具测算岩石的年龄。

阅读与思考

科学家如何测算岩石的年龄

你知道科学家如何测算岩石的年龄吗？解决这个问题时也用到函数这个数学工具．

1903 年，英国物理学家卢瑟福通过实验证实，放射性物质放出射线后，这种物质的质量将减少，减少的速度开始较快，后来较慢．物质所剩的质量与时间成某种函数关系．图 1 为表示镭的放射规律的函数图象．

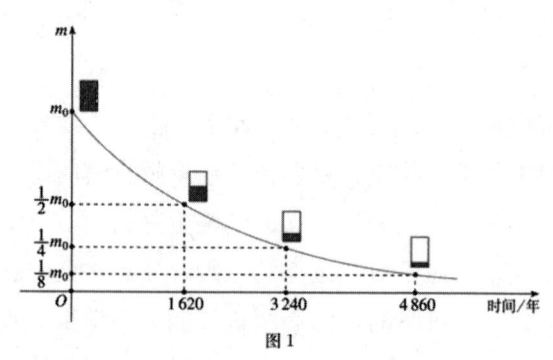

图 1

由图 1 我们可以发现：镭的质量由 m_0 缩减到 $\frac{1}{2}m_0$ 需1 620年，由 $\frac{1}{2}m_0$ 缩减到 $\frac{1}{4}m_0$ 需年数为3 240－1 620＝1 620，由 $\frac{1}{4}m_0$ 缩减到 $\frac{1}{8}m_0$ 需年数为4 860－3 240＝1 620，即镭的质量缩减为原来的一半所用的时间是一个不变的量——1 620年．一般把1 620年称为镭的半衰期．

实际上，所有放射性物质都有自己的半衰期．铀的半衰期为45.6 亿年，蜕变后的铀最后成为铅．因此，科学家们测出一块岩石中现在含铀和铅的质量，便可以算出这块岩石原来的含铀量，进而利用半衰期算出从原来含铀量到现在含铀量经过了多少时间，从而推算出这块岩石的年龄．据此测算出地球上最古老的岩石的年龄约为 30 亿年．

请思考下面的问题，它能帮你理解"半衰"现象．

一个皮球从 16 m 高处下落，第一次落地后反弹起 8 m，第二次落地后反弹起 4 m，以后每次落地后的反弹高度都减半．试写出表示反弹高度 h（单位：m）与落地次数 n 的对应关系的函数解析式．皮球第几次落地后的反弹高度为 $\frac{1}{8}$ m？

第十九章 一次函数 85

这节课的教学目标有三个方面：从知识与技能的角度，学会从变化过程中找到函数关系，应用列表法、解析式法、图象法研究新型函数；从过程与方法的角度，运用函数的三种表示方法分析镭的半衰期数据，体会三种方法的特点，学会根据不同情况选择不同的表示方法来解决问题；从情感态度与价值观的角度，模拟科学发现的过程，学习科学家们遇到难题时，积极思考、勇于探索的科学精神，体会在科学发现过程中数学核心素养（如数据分析、数学抽象、数学建模、逻辑推理等）起到至关重要的作用，学会利用数学知识解决实际问题，激发学习数学的兴趣。

本节课的教学重点是体会函数三种表示方式的特点，突出重点的方法是学生分别使用三种表示方法来展示镭的剩余质量与时间之间的函数关系。本节课的教学难点是学会根据不同情况选择适当的函数表示方法，突破难点的方法是设置三个驱动性问题，学生在自主探究、小组讨论的过程中，选出最合适的方法。本节课采用的教学方法是探索发现法、学导式教学法。

本节课分为四个教学环节：环节一，创设情境，导入新课，用时大约5分钟；环节二，实践探究，交流新知，用时大约15分钟；环节三，开放拓展，实践应用，用时大约15分钟；环节四，课堂总结，反思收获，用时大约5分钟。

在第一个环节中，以问题串的形式从众所周知的大树年龄引入地球年龄。通过一则有趣的短视频，介绍了古往今来人们对这个问题的不断探索，同时了解放射性元素和半衰期等基本概念的含义，为下一步数学建模做准备。

在第二个环节中，首先给出一组包含时间和镭的剩余质量的实验数据。

经过测算发现：镭的质量由 m_0 缩减到 $\frac{1}{2}m_0$ 需 1620 年，由 $\frac{1}{2}m_0$ 缩减到 $\frac{1}{4}m_0$ 需要年数为 $3240 - 1620 = 1620$（年），由 $\frac{1}{4}m_0$ 缩减到 $\frac{1}{8}m_0$ 需要年数为 $4860 - 3240 = 1620$（年），即镭的质量缩减为原来的一半所用的时间是一个不变的量——1620 年，一般把 1620 年称为镭的半衰期。

教师提问：镭的剩余质量与时间，两者之间是函数关系吗？如果是函数关系，那么请用函数的表示方法来表示两者之间的函数关系。（因为每个时间点都对应唯一的镭的剩余质量，所以镭的剩余质量与时间之间是函数关系。）

在教室里巡视时，教师发现大部分同学首先采用列表法梳理这组实验数据，再采用描点、连线的图象法来展示。这时教师可以引导学生观察表格并思考两个变量之间有没有规律，鼓励学优生尝试公式法。只需稍等片刻，就会有学生发现两者之间的规律，再稍加引导，就能总结出大名鼎鼎的半衰期公式。这个环节是本节课的教学重点所在，要注意课堂留白，给学生充分的思考时间，不要急于说出答案。

经过环节二，学生对这一函数有了初步的了解。为了引导学生进一步体会三种函数表示方式的区别，引导学优生深化思考，设置了开放拓展实践应用这一环节。

在第三个环节中，设计了三个问题：如果科学家测出镭的剩余质量为$\frac{1}{64}m_0$，该物质经历了多长时间的衰变？如果科学家测出镭的剩余质量为$\frac{1}{512}m_0$，该物质经历了多长时间的衰变？如果科学家测出镭的剩余质量为$\frac{3}{8}m_0$，该物质经历了多长时间的衰变？

学生再次发散思维，尝试解决问题，通过小组交流分享自己解决问题的方法，小组代表总结发言。当镭的剩余质量为$\frac{1}{64}m_0$时，可以用列表法和公式法快速得出准确数据。当镭的剩余质量为$\frac{1}{512}m_0$时，列表法虽然可以得出最后的数据，不如公式法快捷，由于数值过小，图象法更难准确得出具体时间。当镭的剩余质量为$\frac{3}{8}m_0$时，不能通过列表法和公式法得出时间，只能求助图象法大致估算出时间。为了验证哪位同学估算的答案更接近标准时间，教师可以采用几何画板演示该函数图象。

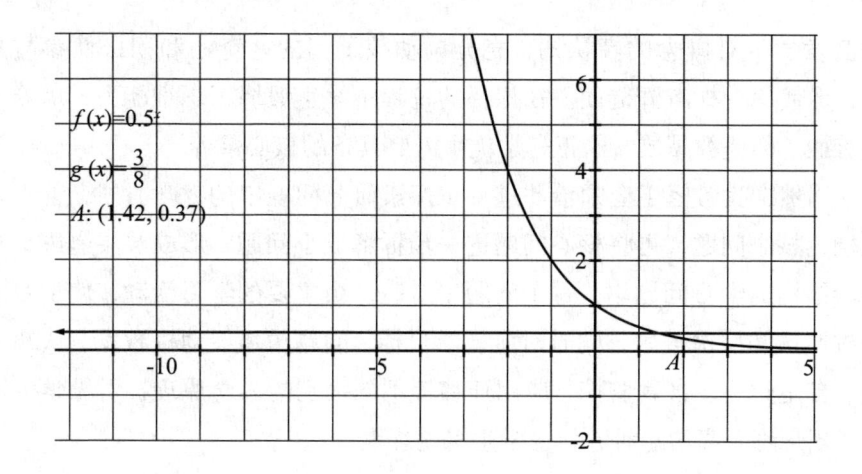

（图中标注：$f(x)=0.5^x$；$g(x)=\dfrac{3}{8}$；$A:(1.42, 0.37)$）

由几何画板可知，当镭的剩余质量为 $\dfrac{3}{8}m_0$ 时，大约经历了 1.42 个半衰期，每个半衰期是 1620 年，那么 1.42 个半衰期大约为 2300 年。

这里主要是培养学生遇到数学问题多去思考有没有其他解法的良好习惯，数学学优生做题要有这样一种追求：不仅要一题多解，而且要总结一下哪种解法最优。利用这种方法也可以提高解题效率，避免过多地刷题，过多地刷题容易使学生疲劳，降低学习数学的兴趣。丁老师认为，只有这种"闻一知十""触类旁通"的方法，才能激发学生浓厚的学习兴趣，而且让学生对同一道数学题多角度地分析，一定会得到不同的收获。"一题多解"可以使数学学优生的数学思维得到更好的发展，有利于数学学优生创新意识的形成，当然也是培养数学学优生良好思维品质与创新精神的好方法。

第四个环节是课堂总结，反思收获。这节课有别于一般数学课，希望通过这节课，孩子们能够深刻领会函数在科学发现过程中所发挥的作用，体会为什么函数会有三种表示方式，认识到三种表示方式各有所长，缺一不可，相互补充，共同展现变化关系。

丁老师这节课的一个显著特点是以问题串的形式，根据学生认知顺序，从低到高、由浅入深地在知识的增长点进行提问，通过提问不断地将学生的最近发展区化归为已知区，提升学生对课程概念的理解和运用，从而激发学生对概念的高认知，充分调动孩子们的好奇心和积极性参与其中，像侦探一样解开谜团。在探秘的过程中学生锻炼了思维能力，培养了迎难而上的坚毅品质，这正是学优生需要具备的核心素养。

当然，我希望丁老师借此进一步探索研究问题串的教学方式，善于首先确定核心问题，再将核心问题进一步拆解成小问题，形成层层递进具有逻辑结构的学习问题串，每个问题串对应一个主要的学习活动，使学习活动按照认知层次进阶，同时对应教学目标、问题情境、动机激发、认知冲突、自主建构、自我监控、应用迁移等不同级别的教学原理，引导学生进行逻辑思考、高阶思维，促进学生深度理解。

建构互动式的逻辑思维课堂

听完栗方薇老师的一节英语课，与她在评课交流过程中，竟然碰撞出一种新型的英语课堂形态，即互动式逻辑思维课堂。此形态的课堂作为一种课堂教学的实践探索，注重以学生为本，遵循学生的认知规律，互动过程中教师通过培养学生对事物的观察、比较、分析、综合、概括、判断、推理等能力，引导学生发现事物的内在联系和规律，准确而有条理地表达自己观点，进而达到提升逻辑思维的目的。

下面，结合新目标英语八年级下册 Unit 10 Section A 部分的一节听说课，来阐述栗老师是如何建构互动式逻辑思维课堂的。

一、目标设定：创建逻辑思维体系

本节课选自八年级下册 Unit 10 I've had this bike for three years 中的 Section A 1a—2d，是一节听说课，围绕 Amy 对旧物处理的见闻、思考和行动展开，引导学生逐步在听力情境中获取相应信息，并使用目标语言来谈论旧物的拥有时间，在此基础上进一步讨论老旧物品的处理方法，阐述做出上述选择的原因并思考旧物的价值，从而引导学生在生活中对旧物处理做出理性判断。

教学目标的设定应符合知识的内在逻辑关系，也应符合学生的认知规律，要能够帮助学生循序渐进地掌握相关知识。结合以上分析，确定了如下教学目标：

在学习完本课时后，学生能够：①使用带有 since 和 for 的现在完成时句子描述物品拥有时间；②谈论 Amy 和 Jeff 对老旧物品的处理方式并阐述原因；③总结并阐述旧物对于人的情感价值和对他人的实用价值；④在情境中创编对话，使用现在完成时谈论旧物拥有时间，并讲述自己与旧物的故事。

本节课的教学目标具有内在逻辑性，环环相扣、层层深入，有助于提升学生的逻辑思维和综合能力。通过引导学生谈论老旧物品的处理方式并阐述原因，意在培养锻炼学生的分析能力；通过引导学生总结并阐述旧物对于人的情感价值和对他人的实用价值，意在培养学生的概括能力；通过引导学生在情境中使用目标语言创编对话，意在培养学生的创造性表达能力。

二、情境创设：建构逻辑思维磁场

《义务教育英语课程标准（2022 年版）》指出，秉持在体验中学习、在实践中运用、在迁移中创新的学习理念，倡导学生围绕真实情境和真实问题，激活已知，参与到指向主题意义探究的学习理解、应用实践和迁移创新等一系列相互关联、循环递进的语言学习和运用活动中。因此，本节课通过创设有效的情境，设计并实施符合学生认知的学习活动，引导学生与情境进行真实互动，在情境中建构逻辑思维的磁场。

基于以上分析，本节课通过创设三幕剧开展教学活动。围绕主人公 Amy，活动一旨在引导学生在 Amy 与 Jeff 庭院售卖的对话里学习目标语言；活动二旨在引导学生在 Amy 与妈妈谈论旧物处理的对话中巩固目标语言；活动三旨在引导学生在 Amy 与儿童福利院工作人员 Linda 的对话中迁移创新使用目标语言；最后，在主题升华中实现逻辑思维的进一步提升。从学习理解到应用实践，再到迁移创新，三幕剧之间层层递进，逻辑关系紧密，帮助学生在层层递进的教学活动中开展探究学习。

以情境导入环节为例，教师在"讲故事"中进行情境创设：Today we are going to meet a girl called Amy, and she has some interesting stories to tell us.

Now please look at this picture and tell me, "What can you see from this picture?" 在情境中开展教学符合学生的思维认知；以情境支起整节课的逻辑框架，避免了只是生硬地发送教学指令而使整个教学处于支离破碎的处境，使整个学习过程逻辑流畅，充满着思维的互动。

三、问题设计：绘制逻辑思维导图

下面基于本节课的两个听力活动和三幕剧之间的问题设计，看看栗老师是如何凸显问题和对话的逻辑性，并以此来培养学生的分析、推理和判断能力，进而引导学生绘制逻辑思维导图的。

（一）听力活动的问题设计

教师借助图片进行情境导入，引导学生初步感知主人公 Amy 与好朋友的部分对话后告知学生："Actually, they also talked about something else. Now let's listen and find out what they talk about and how they feel about this." 由此顺利将情境过渡到活动一的听力。活动一的第一遍听力结束后，学生得出如下答案："They are talking about selling the old things and they feel sad about it." 基于上述答案，活动一的第二遍听力任务是听并解释他们为何感到伤感：Listen again and find out why they feel so. 活动二中，学生在第一遍听力中努力记录旧物名称并分类，第二遍听力的任务则是找出并记录旧物处理方式的具体原因：Listen and find out the reasons why they deal with the things in this way.

整个听力活动的问题设计由易到难，符合学生的认知和学习规律。同时，在 "… find out what they talk about and how they feel about this" "…find out why they feel so" "… find out the reasons why they deal with the things in this way" 的听力任务中，通过引导学生提取信息、阐述原因，有效培养了学生的分析、概括和判断能力。

（二）三幕剧之间的问题设计

问题设计也是提升逻辑思维的重要途径。教师基于第一幕剧（活动一）的生成回应并追问学生，尽管有些旧物承载了很多温暖的回忆，但我们是不是要保留所有的旧物呢？学生的回答是否定的。教师接着问：What will Amy do with her old things next? 学生回答：Maybe she will keep some of the old things and give away some of them. 由此引出 Amy 回家后与妈妈的对话，自然过渡到了第二幕剧（活动二）。

活动二的对话结束后，学生知道 Amy 有东西要送走，也有东西要保留，教师顺着情境引导学生帮助 Amy 把东西分分类：Let's help Amy sort out the things. 帮助 Amy 把旧物分类后，教师问：What will happen next?

根据听力情境，学生很自然地回答出 Amy 要把这些旧物送给阳光儿童福利院。由此引出第三幕剧（活动三），请想象 Amy 到了阳光儿童福利院之后与其工作人员 Linda 的对话，从而引出让学生编写对话的课堂活动。

由此可见，这三幕剧之间的衔接具有极强的逻辑层次，符合学生的认知。在情境中进行预测，推断出下一幕的进展，极大地提升了学生的推理判断能力。

四、主题升华：走向逻辑思维高地

活动三旨在引导学生在 Amy 与儿童福利院工作人员 Linda 的对话中迁移创新使用目标语言，教师通过活动过程中的评价量表，辅助学生在活动过程中创编对话，逻辑清楚地表述自己的想法和观点。

Evaluation form	
I can get the things they talk about.	★★★★★
I can get how long they have had these old things.	★★★★★
I can get the stories behind these things.	★★★★★

基于学生的对话展示，教师询问：How would you feel if you were Amy and Linda? 学生回答：I feel happy as I get a strong sense of satisfaction while helping others. I feel so grateful as there are so many people willing to help me.

学生在逻辑清晰地表述自己真实感受的同时实现了主题意义的升华，真正在活动中走向了逻辑思维的高地。

第三章

惯于驱"评"促"改"

导语

基于课程标准的教学是广大教师众所周知并积极实践的，其要义是"教—学—评"的一致性，也就是圈内广为流传的"教学三问"：我要把学生带到哪里去（学习目标）？我怎样把学生带到那里（学习过程）？我怎样知道学生是否已经到了那里（学习评价）？我们传统观念中的"评价"即为每堂课后进行小结或直接"一考便知"，但结果会让一些教师百思不得其解：明明刚说过，我教了啊，为什么还有这么多不会？

终结性评价的"育分"价值无可厚非，但是会导致在评价中过于追逐考试分数，强化"筛选、鉴定、竞争"的功能性，使课堂失去本真意义。

如果我们在每一节课上，能有意识地结合目标设定评价任务，随时观察、检测学生的学习情况，从而即时做出对教学内容、难度、时间的调整，那每节课的教学效率一定会提升。因此，课堂评价的根本价值在于将其融合到教学的过程之中，及时改进教与学，且评价不再是学习的终结，而是改进学习方法、提高学习能力的载体。

要想让学生做出积极的反馈，教师必须先懂得倾听学生的发言，放弃心中最希望听的那个声音，去理解、去接受、去欣赏，使学生变得愿意发言。如果评价不是发自内心，则会降低其有效性，教学不是一个简单的技巧，而是人与人之间真实且充满真情的交往。

将课堂活动与评价建立在充分尊重学生主体地位和个体需求的基础上，建立以师生为评价共同体的关系，营造专注高效课堂，生成"评为学而做，学以评为手段"的评价理念，构建"教—学—评"一体化、"以评促学"的联动机制，顺应"以人为本""以学生发展为本"的时代新人培养要求。

活动反馈与活动评价的教学价值

错误的教学改革理念与欠科学的行动路径指引，使教师的工作总是在低效循环，不仅制约了教师对教育规律的追寻，更是戕害了孩子的学习兴趣，抹杀了孩子的天性和好奇心，致使教育只剩下了做题，远离了人的人格、情感、创造等素养。

一、不精准的教学主张误导了老师

几年前曾经走进西部某个地区的两所小学，参与课堂教学诊断活动。先说说课的情况。在 A 校听了一节数学课，在 B 校听了一节语文课，我是教英语的，评价数学与语文是外行，因此我从管理者的角度进行评价。

从课堂呈现的样态看，这两所学校都在积极推动教学改革，追求有品质的课堂。课堂里，老师有意识让学生自主、合作、探究学习，学生可以表达、质疑、补充，体现了"以学定教，构建以学习者为中心"的课堂目标，让学生有机会展现自己，为学生提供尽可能多的学习方式。我认为，理念与方向是没有问题的，但是实际操作层面却暴露出了严重的问题。

这两节课上，我发现都有供学生用的课前预习单和课堂学习导学案，看来学校是比较重视学生的课前预习与当堂达标的，先不论是否符合小学生的学习认知规律或心理需求，从预习单和导学案设置的习题看，暴露出了教学观念与教育理念的诸多问题。预习单上呈现的多是碎片化的基础训练题，课堂导学案共分两部分，一是检查预习，二是课堂达标。重视预习和课堂达标虽然说不出有什么错误，但课堂教学改革之症结正在此。这么多预习题，作为小学生，有没有能力，有没有方法，有没有条件去一一完成？完成后怎么去评价？根据这两节课的情况看，老师都是首先检查预习，然后直接进入课堂达标，这样就会有一种现象：用做题来进行学习，而忽略了课堂上最关键的环节——新授知识或解决问题的学习过程。因为对预习题过度的关注，时间用得较多，而真正有价值、有思维量的问题却因时间关系没有处理透，于是用课下作业来弥补，学生负担自然就重了（预习题＋作业题），这就形成了一个低效循环的怪圈。依据课程标准设置课堂学习目标，然后深入解读文本，挖掘文本有价值、有思维含量、适合多种学习方式的问题，在这两节课上很少见。

课堂上，应依靠问题，与学生展开对话，进行自主、合作、探究学习，捕捉学生生成的问题，让学生诞生精彩的观念。在暴露问题的情境下，再继续开展学习，以满足不同层次学生的需求，让学习真正发生，让每个学生都参与学习。从学生的课堂学习表现看，存在虚假学习和浅层学习现象，没有发生深度学习。老师也没有精力或意识关注到每一个学生。这从学生讨论后写在自己导学案上的答案就可以看出，学生写的答案并不一致。

尤其是学生自评、互评、师评的过程缺失了。也就是说，当学生学习后，需要展示、反馈、评价的行为过程没有在课堂上呈现出来。学习、反馈、评价的规则是什么，标准是什么，课堂上难以体现。我认为，一堂好课，需要教学评一体化设计，目标、内容、流程、实施、评价一体化思考，真正做到"以学定教，以学促教，以评促教"，真正解放学生的手、眼、口、耳，让学生用所学知识做事，做到"教学做"合一，老师变成帮助者、支持者。

二、高效率课堂要兼顾严格度和参与度

在北京的某所学校，我听了一节常态课。课堂一开始是老师简单讲解上节课的练习，练习是批阅过的。记得这位老师说了好几次相关问题课下

再处理。我边听边怀疑，课下真有时间处理吗？怎么反馈呢？是不是随口说的？还是老师期望学生课下自觉地完成？

接下来是新授活动，我发现该老师喜欢叫身边比较活跃的同学回答问题，然后就继续自己的授课了。老师一直站在讲台那里讲解。我站起来走进学生，发现一位女生没有拿出课本。再四处走走，发现有五六名学生没有笔记本。老师基本上采取的是讲授式教学方式，当然仅凭教学方式并不能证明该老师的教学效果怎样，关键是老师与学生一对一问答式的活动方式贯穿了整堂课，有几个学生呈现心不在焉的样子。

在与该老师交流时，我对她提了两个建议：一个是要提升学生活动的综合严格度，另一个是要将教师的认知任务移交给学生。我提示该老师在优质问题设计的基础上，活动、评价、对话的方式要多样化，注意它们之间的灵活切换。在问答、记录和讨论这三部分上，发挥其独有优势的基础上，努力做到在广泛的协同中共同发挥作用。

要确保课堂思维训练的过程属于学生，让学生时刻做好准备回答问题，吸收或发展知识和修正观点。而该老师的课堂，显然没有很好地实现这种效果，因为她没有给学生这个机会。课堂效率主要体现为学生的参与比率和思考比率。参与比率衡量参与学生的人数和参与的频率，在这节课上，发现只有五六名学生参与老师的活动对话。思考比率指参与过程中思考的严格度和深度，在这节课上，我还发现有几个学生的发言比较随意，缺乏有序的表达，更有个别学生还说些悄悄话，而老师没有去及时干预。一名优秀的教师在课堂上会两者兼顾，使课堂既有每位学生的热情参与，又有严格而有挑战性的练习。

基于我的观察以及对课堂的分析，我赞同有策略且执行情况良好的讨论是高效率课堂的关键，但是在这节课上没有发生，老师独自承担了教的角色，学生没有机会进行讨论学习。当然，记录也是一种极其有效的课堂学习策略，但是该老师没有注意到记录、问答和讨论的平衡与转换。

很多时候，记录和讨论具有协同作用。在记录书写练习之后，听取并讨论同学的不同观点，以及在一场汲取各种观点的讨论后进行记录书写，是学生实现二者并用以达到平衡的关键方法。并非非此即彼，首尾不顾。

我建议该老师要选择更适合、更灵活的教学方式，选择好最佳的任务活动，自学、互学相结合，自评、互评交互使用，兼顾严格度和参与度来执行问答、记录与讨论的学习策略，从而提高课堂的综合效益。

三、活动反馈与评价需依靠适合的评估工具

在此，我简单对学习活动和学习评价做一下强调。学习活动包括学生个体的学习活动、群体的协作活动、师生的交互活动。活动任务的设计是教师教学设计的重要环节，如协作学习活动设计的基本流程可以为"确定学习目标与内容、明确小组成员分工、搜集学习资料、小组合作完成作品、展示学习产品、师生评价总结"。钟启泉教授认为，学习活动的设计强调的不是教师设定"讲授"的内容，而是思考"学习"的计划。它需要满足六个条件，即"情境、协同、支架、任务、展示（外化）、反思"，这些条件有助于促进学习者更好地实现真正的学习。

课堂上，必须重视评价，设计好评价量规，来实现师生、生生甚至是人与文本的交互反馈。而要做得比较理想的话，需要将评价融合到教学的整个过程中，老师本身做到对这些问题与答案心中有数，用自己希望学生掌握的思考模型为学生提供行动的机会。评价不再是学习的终结，而是改进学习方法、提高学习能力的载体。它主要用于学生自我评价、自我反馈，是内在评价而不是外加评价。评价量规指向学生的问题解决活动，是给学生搭建前进台阶，让学生拾级而上。这种学习导向、问题导向的反馈，将学生的注意力从老师对学生的单一看法上转移到学习本身上，让学生感受到甚至拥有"学习可由自己掌控"的权利，避免将反馈窄化为学习结果的好与差。

王春易老师这样解释"量规"：首先，量规是一种很好的评估工具。它不是普通评价量表，不是为了给学生打分的。它描述的是学生的学习行为、学习表现，做到什么程度是优秀，怎么做还有待提高，怎么做算是不合格……当学生看到这些学习行为描述时，一下子就可以对自己的学习现状做出评估了，就知道自己处于什么层面了。当然，借助量规也可以进行

同学之间的互评，以及教师对学生的评估等。它可以指导学生学习，对于学习吃力的学生尤其适用。

下面分别提供初中英语学科教师设计的写作评价单和化学学科教师设计的探究式学习评价单，供大家参考。

\multicolumn{3}{c}{A trip to remember 写作评价单}
content 内容	√ 描述 trip 的要素（when, where, how, what…）要点齐全； √ 写出与主题相关的 2~3 个关键活动，每个活动有简单细节或感受。	+2 分 +3 分
structure 结构	√ 开头有 trip 整体评价的主题句； √ 结构完整，分段清晰； √ 正文围绕描述 trip 的要素（when, where, how, what…）展开； √ 段落开头有中心句。	+0.5 分 +0.5 分 +0.5 分 +0.5 分
language 语言	√ 主题用环境描写来反映心情； √ 活动和活动之间衔接自然； √ 正确使用过去式； √ 语法正确，标点正确，拼写正确，注意大小写。	+0.5 分 +0.5 分 +0.5 分 +0.5 分
handwriting 书写	认真、美观、修改处斜线划掉重写无涂黑。	1/0.5 分
\multicolumn{3}{l}{自评得分： 同伴评价： 修改建议：}

评价内容		王牌团队	精品团队	萌新团队
实验报告	科学性	实验操作、现象、结论内容科学准确，设计美观，书写工整	实验操作、现象、结论内容科学准确，设计较好，书写较工整	实验操作、现象、结论内容科学准确，设计一般，书写不太工整
	创新性	实验设计创新突出	实验设计有一定创新	实验设计没有创新
	借鉴性	实验反思评价深刻，对大家借鉴性很高	有实验反思评价，对大家有一定借鉴性	有实验反思评价，对大家没有借鉴性

续表

评价内容	王牌团队	精品团队	萌新团队
实验讲解	讲解准确，逻辑清晰，幽默风趣，有感染力	讲解准确，逻辑较清晰，有一定感染力	讲解比较准确，逻辑一般，比较平淡
分工合作	分工明确、合作意识很强、作业效果很好	分工较明确、合作意识较强、作业效果较好	分工较明确、合作意识一般、作业效果一般

其次，量规是一种很好的学习工具。它的工具性不仅表现在能时时帮助学生对自己的学习情况进行自我评估，更重要的作用是监控和调节自己的学习，有助于帮助每位学生理解预期的学习目标。通常量规的纵列，是学习内容或者学习任务的关键点或者核心内容，是最需要关注或者评估的内容，在横列上设置不同的层级，分别描述对应的学习行为。

从这两个地区教师课堂表现的共性看，都缺少基于情境的任务活动设计，尤其是缺乏针对活动的评价量规的设计。这就影响了教学的效果，核心素养的培养更不值一提。在此方面表现比较薄弱的教师，可以认真学习体会本文对活动和量规的介绍，以便更好地发挥活动反馈与评价的功能效果，更好地帮助学生学习。

让课堂反馈由不完善转化为完善

苏珊·A·安布罗斯（Susan A. Ambrose）等所著《聪明教学7原理：基于学习科学的教学策略》一书里，关于教学反馈有如此论述："要想促进学生的学习，仅靠目标导向的练习是不够的。为了使学生取得最大的学习收获，目标导向的练习还必须与针对性的反馈相结合。反馈的目的是帮助学生达到预期的学习水平。有效的反馈能告知学习者当前的知识和行为表现水平，引导学生朝学习目标不断努力。换句话说，有效的反馈能告诉学生哪些内容他们已经理解了，哪些还没有理解，哪些学习方式表现得好，哪些方面表现得差，以及如何确定自己未来的努力方向。"

书中提供了关于针对性反馈的八个策略：找出学生作业中的错误类型；按重要程度依次提供反馈；在反馈中平衡优势与不足；创设经常性的反馈时机；在班级水平上提供反馈；在班级水平上提供实时反馈；运用同伴反馈；让学生明确在后继作业中怎样吸纳反馈意见。

我听化学学科欧阳红霞老师执教的一节关于项目式学习的现场教学，项目课题是"土壤改良——酸、碱、盐的性质与转化"，这堂课的任务二是改良土壤碱性的教学探索。活动一是独立探究，阅读资料找出土壤改良的主要成分，用化学式表示并进行分类；活动二是小组合作，探究改良酸性土壤的化学原理，其中包括提出猜想和实验验证环节；活动三是同学分享，寻找改良土壤酸性的一般规律；活动四是反思质疑，小组合作再做实验；活动五是小组合作，仿照探寻改良酸性土壤的过程，探寻改良碱性土壤的规律；活动六是小组合作，参考资料三和四，初步设计改良绣球花移植地土壤碱性的方案；活动七是同学分享总结。老师还设计了项目学习结束后的总结反思，包括学习收获与学习遗憾，也设计了情绪体验记录表和小组合作学习评价标准。

　　从这些活动的设计看，符合学生学习认知规律，大胆放手让学生动手动脑，且都有填写表格、分组实验、制作方案、评价标准等帮助、支持学生学习的支架，便于学生自主、合作和探究学习，容易形成自己的学习思维结果，生成作品。而这些的实现，源于教师重视基于目标导向的练习，且练习方式丰富灵活。

　　在观课时，我被"反馈"这一现象所吸引，上面所提八种反馈策略在欧阳老师的课堂上均有所体现，但是整体感觉有某些地方还是不尽如人意。比如分组实验，有的学生进入状态较慢，对实验要求不够清楚，在规定时间内没有完成实验，有的小组实验现象不明显。老师为了进度，仅仅根据已完成的两个组的现象进行归纳总结。老师自己在做展示实验时，由于站位的局限性，有些离得较远的学生不能观察清楚。老师在提问学生时，不能完全根据所观察到的每一个学生信息，或者学生暴露的问题进行点评，而是根据自己的进度和感觉进行解答。传达独立学习、合作学习的规则与标准靠的是语言指令，有时部分学生因为急于开始学习而没有听明白。如果把这些规则和标准编辑在学案里或用课件展示出来，会方便学生阅读，可以指导学生的学习活动。老师的话语太多，影响了学生进行充分的阅读、思考、实验与记录。

　　如此完好的教学设计，怎么落实到具体现场，在学生身上却呈现不出好的效果呢？正在我遗憾之际，突然有一个环节的活动设计让我眼前一亮，即活动四：反思质疑，小组合作再做实验。这个活动设计在课堂中后期，我发现学生仍然兴趣盎然地沉醉于实验当中，而前期所有的不足因这次活动的展开给弥补了。这种反馈方式应该属于"在班级水平上提供实时反馈"。这体现了一名有智慧的老师的教学理念与水平。课堂后面的三个活动就变得更有针对性，更容易了。说句实话，如果没有这个环节的话，这节课会是一节失败的课，它起了画龙点睛的作用，反而有了"不愤不启，不悱不发"的妙道。因此，合理合时的不完善也是精彩的。

这堂课之所以有些环节感觉不够令人满意，学生获得不够理想，主要原因是教师仅仅运用语言给学生传达活动的规则与标准。学生在丰富灵活的活动面前比较激动，可能急于操作而忽略了认真倾听。教师在学生开始行动后不断提醒，当然也走到小组里进行个别指导，这导致教师说话太多，整个过程充斥着教师的声音，剥夺了学生思考、表达的机会，学习过程不断被打扰，影响了学习效果。

接下来我又听了同一年级道德与法治学科任捷老师的一节课，课题是"从邻里关系看社会生活"。他的做法并不繁琐，却给教师更多的观察学生信息、指导学生学习的机会，给了学生足够的时间思考、讨论、记录和表达。也就是说，实现了真正的为学习赋权，遵循"以学定教"的原则，使充分且及时地进行针对性的反馈成为可能。

如课堂的环节二探讨社区规定（10分钟），教师展示所住小区的相关规定，涉及垃圾分类、自行车管理、文明养犬等相关内容，引导学生思考，小区里为什么会出现这些规定与提示？这给我们带来哪些警示？

问题来源于生活，清楚明了。最为关键的是教师在课件上出示了学生活动要求：① 观看图片，就小区规定和提示以及事件的警示做出思考，自行动笔书写。在书写的过程中自主构建有关遵守社会规则、维护社会秩序的知识点。② 小组合作展示，将涉及的观点写在下发的彩纸上，并用磁贴固定在黑板上。

学生阅读要求，就能按照要求明确地行动，如果第一次没看清楚，还有机会再阅读。如果是教师用语言传达，说过以后就没机会再听了，即使过程中教师进一步强调，学生也是支离破碎地听取。不过这样一来，教师实施恰当的反馈策略就有机会了。

再提供一名小学数学老师于滢做的活动设计：① 将组内的小正方体学具放在一起。② 任意选择小正方体的数量，摆出一个长方体，详细说一说摆的过程。③ 说一说摆出的长方体的长、宽、高各是多少厘米。④ 完成表格，并写出结论。

因此，在进行教学设计时，为学生活动设计清晰明了、结构层次性强的活动规则和标准，是学生高效学习的一个保证，是有效练习和针对性反馈的一个支架。有了这个活动规则和标准，练习和反馈就能协同发挥作用，推动学生围绕某一具体目标不断学习，吸纳反馈意见，进一步朝学习目标前进。

在活动过程中进行补救性或反思性活动，再加上活动规则与标准的助力，学与教的过程效果会更好，效率会更高，看似不完善的学与教，却意外地转向完善的获得。

及时评价与反馈让学习智慧复演

听一些年轻老师的课时，经常会看到如此现象：当老师提出一个问题问学生时，看见一个学生立即举手了，就迫不及待地叫这名学生站起来说出答案，答对了，就接着进行讲授；如果答不对，老师就亲自补充解答，然后继续进行讲授。当安排学生自主或合作学习时，老师巡视观察学生，不能深入到每一个学生身边或小组内，进行有针对性的个别指导，观察和记录学生解决问题的真实信息。在进行展示分享时，指定学生便会很盲目，可能会出现谁举手就点谁，或指定身边的几个学生，或随意指名回答。即使用学生的学习作品作为案例，也是目的不清晰地选择某几个同学的，缺乏典型意义，不能依据学生的具体情况，根据课堂暴露的问题，聚焦学习目标和课堂生成的学情进行精准点评。最后，草草根据学生说出的结论，或者老师进一步补充结论，作为正确答案结束这一学习活动。没有考虑没参与展示分享的学生是否在认真倾听、记录，也没有让更多学生质疑补充，更没有让学生根据问题再次展开讨论学习，如此，忽略了或掩盖了部分学生的真实学习状况，学习目标落实不能到达每个学生那里，不同层次学生或吃不饱，或没机会吃，或消化不良，甚至食而不化、恶心呕吐。没有知识反刍时间，缺乏学习思考过程，过于重视学习结果的产出和学习进度的完成，让部分出现错误或跟不上节奏的学生，在课堂上被无情地淹没了。

一、及时评价与反馈让课堂精彩纷呈

听地理学科刘玉潇老师的一节新授课，却看到了令人满意的现象。课堂情境是从请学生展示国产乳制品和进口乳制品调查分析报告开始的，有三名学生到台前进行了分享，其他学生均能做到认真倾听报告内容。老师则站在一边，边认真倾听边环顾教室里的每个学生，通过简短点评便自然导入到本节课的课题——人教版地理七年级下册《欧洲西部的畜牧业》。据课后了解，刘玉潇老师做研究报告时，通过进行社会问卷调查，将自己的研究精神和方法注入给学生，借用数据分析，让学生在课前就"动起来"，使课堂教学更加有理有据。

然后，刘老师把三个学习目标分别分配给每排的四个小组（四人一组），第一排负责目标一"天时——气候对畜牧业的影响"，第二排负责目标二"地利——地形对畜牧业的影响"，第三排负责目标三"人和——现代化的畜牧业"。刘老师果断要求，各组根据领取的任务，按照问题，结合图表和数据，先进行5分钟的自主探究。此时教师迅速在教室内转动。我看到，刘老师走到了每一名的学生身边，侧身注视学生或学生的学习单。5分钟时间一到，刘老师又果断地要求：再给同学们5分钟，小组合作探究，准备以小组为单位进行展示。刘老师此时迅速走进每个小组内，要么观察，要么直接就参与讨论，进行活动干预或针对性指导，也是不忽视每一个小组。我能感觉到，刘老师对每个小组的活动情况、讨论效果以及学习结果都了如指掌。甚至每个学生的眼神、手里的小动作等细节，刘老师都能敏感地进行悄无声息的提醒，把所有学生的状态和情绪都带入到专注的深度思考中。待小组进行展示分享时，自然是很精彩，可以看出，在日常的课堂里，刘老师也是如此指导培训学生的，学生表达时思维逻辑清晰，仪态大方自然。台上学生完成后，台下其他小组学生站起来补充，甚至进行质疑，刘老师让学生进行解答，最后从学生分享的观点中，提炼出关键词板书到黑板上。我发现，本节课，每一个学生都沉浸在积极思维行动中。我此时想到了一个教学技巧，即"及时评价与反馈"，是这个教学技巧发挥了主要作用。

借用地理学科老师李轩（兼学校金帆管乐团指挥）对刘老师展示环节的评价，再次领略刘老师教学技巧的魅力：学生的课堂展示环节，教师往往会只关注上台汇报展示的学生，而忽视了台下聆听的学生，因此听众经常浑水摸鱼。玉潇能做到眼观六路耳听八方，既留意着台上汇报者发言内容是否正确，及时质疑，又兼顾着台下旁观者是否认真聆听，及时做出提醒，还能游刃有余地关注到台下的"相反声音"，顺水推舟地让其进行补充。

其实课堂教学有点像指挥乐团演出，指挥"动手不动口"，小棒一挥，下面的演奏员就忙活起来，创造出美妙的音乐。反观本课，玉潇不费吹灰之力就让课堂里的"演奏员们"动起来，不仅动起来，而且动得如此和谐有序。在这一点上，她比我更像"指挥家"。

"及时评价与反馈"是教师及时地对学生在课堂中的表现进行观察和分析后再给予回应的过程。"及时评价与反馈"贯穿课堂教学的始终，对教学有着重要的影响。这一教学技巧在课堂教学过程中应用时，需要教师能够看见每一个学生，需要教师有意识地对学生给予鼓励（教师的言语鼓励最好伴随着赞美的神情、表示肯定的肢体语言，充分给予受表扬学生心理暗示）。

课后的总结与反馈是课堂反馈的延续。对于教师而言，课堂中的及时反馈有利于观察学生的参与度和活跃度，反映学生的知识掌握程度，课后学生的学习报告则能帮助教师总体掌握学生反馈水平、优化教学结构。

我欣喜地发现，刘老师设计了课后"学习评价与反馈评价单"（见下页表）。对于学生而言，教师的课堂反馈水平与学习效率、积极性挂钩，教师提供的课后评价则能加深学生的反思。这样，就可以形成每个学生的学习报告，为学生回顾课堂、进行反思、深化学习等提供帮助。教师不仅能进行及时的显性反馈，也能基于回看学生表现、研究学生学习情况报告等方式调整教学方案与任务，形成隐形反馈。

评价项目	评价维度	评价等级		自我评价
评价过程	参与态度	3. 主动完成任务，工整整洁。 2. 能完成任务要求，但有遗漏。 1. 没有完成相关任务。		
	小组合作	3. 小组共同参与，讨论积极，互相帮助。 2. 积极讨论，各自完成。 1. 讨论不主动，互相不交流。		
	进度安排	3. 符合进度，抓紧时间完成任务。 2. 时间安排不合理，完成任务紧张。 1. 毫无时间意识，未完成任务。		
评价成果	地理知识	3. 通过阅读图文材料准确分析气候/地形/社会条件对畜牧业发展的影响，完成逻辑框图。 2. 分析问题不够细致、准确，逻辑框图总结不完善、不准确。 1. 不能准确分析问题并完成逻辑框图。	评价工具： 1. 学案思维框图完成度。 2. 作业习题完成情况。	
	地理技能	3. 准确判读气候/地形图或教材材料。 2. 气候/地形相关图表判读不准确，文字材料归纳不清晰。 1. 不会判读以及归纳相关材料信息。		
评价展示	口头表达	3. 表达流畅、逻辑清晰、内容全面、准确。 2. 内容准确，但不够全面，表述基本清楚。 1. 不清楚、不连贯、描述错误。		
等级		A级（出色完成）等级和大于15 B级（基本完成）等级和12～15 C级（有待提高）等级和小于12		
学生总结：				
教师评价：				

二、评价与反馈策略的理论依据

曾经在著名特级教师崔成林老师的朋友圈里看到"黄金学习环"这一概念，他是这样解读的："黄金学习环"即学习中给学生"黄金二次机会（矫正反馈）"。学习环以目标为核心（内核）：读（听）—做（练）—展（答）—评（改），即聆听阅读新知—解决问题或完成挑战性任务—表达展示成果—交互评价反馈（含自评修正）。这样的教学是一个完整的闭合的学习环，学生有思考、经历、产出和修正（二次机会）的时空，才能发生真实学习。刘玉潇老师的课，学生之所以都积极参与学习，效果好，即是因为遵循了"黄金学习环"这一规律。

2021年8月30日，教育部办公厅发布《关于加强义务教育学校考试管理的通知》，文件要求："要完善学习过程评价与考试结果评价有机结合的学业考评制度，加强学生学习过程评价，鼓励实践性评价，可以采用课堂观测、随堂练习、实验操作、课后作业等方式开展学生学习情况的即时性评价，通过定期交流、主题演讲、成果展示、学生述评等方式开展阶段性评价。要注重学生综合素质、学习习惯与学习表现、学习能力与创新精神等方面的评价。要创新评价工具手段，积极利用人工智能、大数据等现代信息技术，探索开展学生各年级学习情况全过程评价、德智体美劳全要素评价。"

仅就"及时评价与反馈"来说，建议教师学习领会上面所介绍的"黄金学习环"，同时提倡教师借助人工智能、大数据等现代信息技术手段，实地收集和分析学生的学习数据，可以清楚地了解到每一位学生每堂课的学习目标的掌握情况，有助于教师及时地调整教学思路，进行具有针对性的教学设计。教师基于精准的数据，根据不同班级、不同学生的学习情况，有效地实施个性化教学，真正做到因材施教，提高学生的学习效率。

道格·莱莫夫（Doug Lemov）所著《像冠军一样教学》一书中，有这样一段论述：作为教师，我们应该投入大量的时间和精力来了解学生们在学习中出现的错误，帮助学生将误解转化为理解，把他们的错误答案改为正确答案。但如果我们的目标是帮助学生从错误中得到启发，并提高他们的学习成绩，那么仅仅让学生改错只完成了目标的一半。检验学生是否能够应对并掌握关键知识点的方法是看他们是否能够运用这些知识点来改善他们以后的学习任务，这就要求学生对他们学过的知识进行反思，并明白为什么他们之前的答案是错误的。学生们必须学会自主学习并追踪错误，即在他们改正错误的过程中，学到知识并对这些知识进行反思，这意味着学生们要积极参与改错的过程并对改错的过程进行记录。

书中还提到"对错误进行元认知思考"和"对正确回答也要进行元认知研究"。"对错误进行元认知思考"，你在研究或纠正错误过程中关注得越多，对纠错的反思就会变得越重要。因此，同学们做了笔记去记录学习过程和思考过程，他们之后可以研读笔记，一次又一次地将他们从错误过程中得到的知识运用在相似的学习任务中。比如，让学生圈出错误的精准位置，然后清楚地做出标记，写出应该怎样做才是正确的。这个练习帮助学生了解并深度思考他们错误的价值，也形象化地表示出他们所学习的知识。

"对正确回答也要进行元认知研究"，让学生了解他们回答正确的原因与让学生了解他们错的原因同样重要，这样会一直提醒他们应该做什么，不应该做什么，会给他们之后的学习提供重要的指导。帮助学生们了解不完美回答中的正确之处，可以让学生知道他们距离成功很近，也许比他们原来想象的还要接近。

这样可以帮助学生看到学习错误答案中的价值，了解错误答案中的肯定之处。教师要求学生圈出指向正确答案的重要知识点，然后进一步推动学生，要求他们给这些重要的知识点加脚注，解释他们的思考过程。这种标记体系给学生提供了足够的空间，清楚地解释答案的正确之处，不需要与题目本身挤到一起。

我想，刘玉潇老师自觉不自觉地巧妙运用了上述理论和学习规律，有效运用了"及时评价与反馈策略"，取得了课堂教学的成功，虽然还有很多地方需要完善和学习，比如"对错误进行元认知思考"和"对正确回答也要进行元认知研究"的实践与探索。

合作学习需要构建开放的课堂

随着课堂改革的推进,不少老师已经认识到让学习真正发生的课堂,不能只是"一讲到底"或者是"单纯问答"的课堂,因此尝试在课堂上给学生分组进行合作学习。然而,由于一些老师并没有认真研究分组学习的规律、策略,在设计目标、问题、评价时也没有与之匹配的标准和要求,我们常常觉得好像是为了合作而合作,有作秀之嫌。

一、合作学习常见问题

我经常对老师们说,学生并不是天生就会合作学习的,你让学生合作学习,学生就会合作学习吗?学生几人围坐就一定是在真合作学习吗?就能合作效果好吗?

常常看到有些老师在课上出示这样的学习任务:快速浏览问题,思考问题的正确答案,小组讨论两至三分钟。但是讨论时间未到老师就迫不及待地提醒学生展示问题结果。看到的现象是小组内只有成绩相对好点的学生主动发声,其余的学生还是在被动地听他人讲。或者当有学生举手表示愿意展示时,老师立即叫停讨论,让有了答案的学生开始展示答案。其实,这样的问题即使不用小组合作的方式,仅仅让学生自主学习,效果是一样的,甚至有可能效果比合作学习会更好。

二、合作学习策略与方式介绍

林忠玲老师在她的一篇文章《课堂五问》中总结了合作学习至少要具备的几个要素，值得学习借鉴。

一是科学划分小组。小组相对固定，且分组科学，座位方式便于彼此形成倾听、对话关系。像有些班级里 ABC 三个学生并排坐却组成一个学习小组，A 和 C 对话时方便吗？更有甚者，把班级里调皮孩子的座位放在讲台旁边，或是教室最后面的角落里，小组讨论时他们是"独学"的状态（其实是在独玩），差生就是这样被一步一步地"修炼"出来的。

二是明确合作任务。有些课堂之所以合作不起来，是老师出示的任务要么交代不清，要么过于简单不需要合作就能完成。好的任务设定在学生的最近发展区，好的任务还有明确的完成标准、完成方式、时间限定等。合作学习专家郑杰认为，自由讨论不是真正的合作学习。

三是运用合作技能。没有经过合作技能的训练，学生即使坐在一起，也不会有真正的合作。所以平时没有合作，到了公开课时想合作几乎很难。合作学习中常用的技能一般有如何倾听、如何表示感谢、如何赞美他人、如何反馈、如何提问、如何致歉、如何公开发表观点、如何说服他人、如何解决冲突、如何鼓励他人参与、如何给予他人指令、如何给他人提建议、如何给他人指导、如何有礼貌地打断别人讲话、如何向他人表示异议、如何与他人达成妥协等。合作技能需要平常持续跟进培训。

张永军老师发表在《人民教育》2022 年第 1 期的文章《六个未来课堂图景，构建"理想"学习空间新样式》，介绍了构建"动态化教室"的 12 种示例，对实施小组合作学习很有启发，借此机会也一并介绍给大家。

"鱼缸"式：全班分成两组组成内外两圈，每次由其中一圈学生讨论，另一圈学生分别观察其中一个说话者。

"思考—结对—分享"式：教师提问后，所有学生思考，然后两人一组讨论并达成共识，最后在全班分享讨论结果。

"拼图"式：首先同角色学生组成小组讨论，然后不同角色学生组成新小组讨论。

"旋转木马头脑风暴"式：教师在教室不同地方放上一张写着问题的纸，并按纸张数量将学生分组，每组用5～10分钟时间对该问题进行头脑风暴，然后换话题讨论。

"搅拌混合物"式：学生在教师指导下分组讨论一个话题，然后其中一个学生转到另一个小组解释原小组讨论结果。

"画廊行走"式：学生分组讨论教师布置的某个话题，并将结果进行可视化展示，然后解散原小组并组成新小组，互相分享所学内容。

"哲学席位"式：全班针对一个问题开展辩论，学生根据自己的观点站正反一方，辩论过程中可根据观点变化随时改变站位。

"同心圆"式：学生以同心圆形状组合成两圈，外圈每一个学生与内圈每一个学生结对讨论教师给出的问题，并进行轮换。

"掩护站"式：学生4～6人组讨论某一个问题，然后每个小组派2名学生到另一个小组，分享在前一个小组的讨论结果，并提出新的相关问题。

"滚雪球讨论"式：学生先2人一组讨论一个话题，然后合并为4人一组讨论，并逐渐增加，直到全班讨论。

"笔谈"式：教师将空白纸张贴到教室不同地方，学生可以在上面写下自己的问题，也可以参与回答其他人的问题。

"世界咖啡馆"式：学生分组讨论一个问题，并写下讨论结果，讨论后每组主持人留下，其他成员移到另一个小组，主持人向新成员解释讨论结果，新成员发表意见并补充想法，如此循环进行。

三、合作学习开放课堂探索

我在地理学科王啊男老师的课堂上，发现了一种很好的小组合作学习现象，值得我们学习思考。下面是王老师的一篇教学反思，还原了她在课堂上如何设计、组织合作学习的一些细节，很有借鉴价值与启发意义。

地理课程倡导多样的地理学习方式，鼓励学生合作交流、积极探究，要构建开放的地理课堂。正因如此，我在课堂教学中，更多关注的是学生要学什么、怎么学。以往的教学中，都是老师一味地讲授、灌输，忽视了学生的参与，以为都讲过了就是完成任务，就是学生学会了。其实不然，这种讲授式教学效果往往不太理想。学生坐在课堂上，只听讲，或是没有深度的思考，最终获得的知识少之又少。这学期以来，在我校推行"全学习"课堂教学改革的背景之下，我一直都在探索怎样的课堂才能让学生充分地参与进来，也有了一些思考。

在讲完新课标人教版初中地理八年级上册《长江》两课时之后，我想要检验一下学生是否掌握了所学。以往，我会找个题目做个检测，但是，即便题目都做对了，就一定能证明学生掌握了学习方法吗？我在心中画了一个大大的问号。因为都对了也只能证明学生学得扎实，但是学习方法是否掌握还真不一定。我应该做一个迁移应用，学习了长江，可以找一个陌生河流让学生探究一下，把学习方法再应用，如果陌生河流探究明白了，这回应该能证明学生是真的明白了。

课前，我反复琢磨，决定让学生来探究世界主要河流之一——尼罗河。选择尼罗河的原因是，我们学习的是中国的第一长河，而尼罗河是世界第一长河，具有一定的相似性，又存在很多差异性，刚好可以检验学生对学习一条河流的方法是否掌握。于是，我开始搜集关于尼罗河的资料，着手准备资料卡。

课上，我先是请同学们梳理一下河流的水文特征都包括哪些，确定了本节课要研究河流的水文特征。接着，再把资料卡和任务单发给学生，资料卡的内容有关于尼罗河旱涝灾害频发、灌溉等方面的文字资料，非洲地区等高线分层设色地形图，非洲地区气候类型图，尼罗河流经地区的气温曲线和降水量柱状图。然后，我把学生四人分为一组，把时间充分地留给学生，让学生以小组为单位，利用手里现有的资料，合作探究尼罗河的水文特征，时间20分钟。学生听到指令后，马上进入了状态，迅速讨论起来。我开始还有些犹豫和担忧，觉得给学生20分钟会不会有点多，因为在以往的课堂上，从来没有这样放手让学生自己探究过，顶多是5分钟的讨论，一是觉得他们没有相应的能力探究，二是怕给太多时间他们聊闲篇。但是很快，我这种担忧就烟消云散了，他们仿佛得到了神圣的使命，每一位学生都能积极参与到讨论当中，连平时最不爱说话的学生和经常走神儿的孩子也都神采奕奕地说着什么。我走近聆听，大家都在说着自己的观点。"我是从图中得知的，因为南部高，北部低，肯定流向自南向北啊！""哪用这么麻烦，你就想啊，这么一条大河，一定会注入海洋，这不就自南向北流入海洋了吗？""哎哎哎，你们发现了吗，看线条粗细也行嘿，你看，源头水量都小，线条就细，到入海口处水量肯定大了呀，线条自然就粗了！"我听着他们一个个说的，简直不敢相信，他们能说得这么好，这么头头是道，我也一下子意识到，我平时给他们的机会太少了，我要把课堂还给学生。大家越讨论越激烈，我发现没有一位学生不参与进来，也没有一位学生在聊闲篇，都在探究尼罗河的水文特征，求知欲极强。后来，居然还有两个组在讨论过程中听见了对方的答案，展开了激烈的辩论。我已经完全被这样的课堂氛围吸引住了，我想，不管是谁说服了谁，对大家来说都是一种学习和提高。

显然，20分钟的讨论意犹未尽，但不能总停留在这一步，于是开始下面的进程：小组展示环节。每个小组派一名代表说明尼罗河的一个水文特征，并讲解依据，其他小组负责补充、质疑和打分。因为大家都有任务，同学们很快就静了下来，开始认真聆听。在这一过程中，我发现大家都能把语言组织得很好，展示者尽力而为，即使说得不太到位，班里总能出现一位学生把说不到的内容补充出来，而且每位学生都变得很主动、很自信、很积极，和平时被我叫起来回答问题不是一回事。

后来我算了一下，我在这节课上大概只说了5句话，基本都是学生来掌控整节课。因为激烈的讨论和充分的展示活动，课上没有来得及做总结，于是我留了一份作业，让学生写写这节课的收获。让我意外的是，这一次的作业全都收上来了，而且每个学生都写了很多，当然除了知识上的，更多的是表达了他们对这节课的肯定以及对这种课堂模式的向往。我想，我们以前大概就是太放不开手脚，总是担心学生这不行那不行，所以什么都想一步步地教他们，但是忽略了孩子的本性，他们是好动的，是热爱学习、热爱钻研的，不给他们提供空间，他们怎么能提高呢？在此之后，我又做了很多诸如此类的尝试，每一次的效果都特别好，学生掌控整节课，真正做到了学生是课堂的主人。正因为如此，最终的知识才是学生自己的，否则这些知识永远都是我们老师会，学生掌握多少是个未知数。

构建开放的地理课堂，就是要拓宽学生的学习空间，用多种多样的学习方式带动学生探究。这节课的尝试让我明白，其实有效的地理课堂就是要以学生为主体，让所有学生能真正地动起来，变被动输入为主动学习，让不同层次的学生在每一节课都能从知识和能力层面有不同程度的提高。同时，对于老师而言，也是一种锻炼，看似轻松的课堂，要求我们在前期备课中更加精致和细腻，才会呈现出一节完美的"学习"课堂。所以说，一节理想的课堂，不仅是学生喜爱的高效课堂，更是老师学习、提升的一个机会。

王老师的课堂最大的特点，是大胆地给了学生最充分宽裕的时空，构建了一个开放的课堂环境。

善用评价数据引导教学改进

学期末参加了几个教研组的考试成绩分析会，教师大多就班级学科检测成绩进行了关于平均分、优秀率和及格率的数据分析，并且按照优等生、中等生、学困生、边缘生的分层方法，进行了学情方面的语言描述分析。在此不具体介绍一次完整考试成绩分析报告的结构是什么、用什么方法进行分析等专业性技术问题，这可以在网络上找到许多文章学习，也有一些现成的试题分析报告案例可资参考。

我主要是想说，报告缺少对试卷中具体试题的命制意图、特点、趋势等方面的梳理解读，以及这一试题不同层级的学生的得分情况、失分原因等方面的数据整理与分析。没有涉及试题与教材、课标的关系，分析出考试改革的新理念与方向。没有找到或发现学生普遍存在的问题与个性化问题，并通过这些问题反观这一学期教师教学和学生学习到底存在哪些失误与不足：是教学管理问题还是观念问题？是精力不够还是方法欠妥当？是效率问题还是评价问题？阐释的理论与实践脱节，在不精准的问题描述化分析和粗略的数据分析下，没有提出可操作性、实效性、系统性的解决策略和方案。尤其是缺乏对自身观念和行为的反思，没有从日常的教研活动、教学设计、作业设计、评价反馈、分层教学、教学方式等渠道，制订针对性改进计划。没有策划如何通过学习理解新课标的理念和标准，研究探索"双减"下的高质量教学范式。

总结这样的质量分析活动的特点，可能是一场已经低效重复多年的习惯性的教研活动，缺乏专业性标准。这样的活动，教师在专业上不会获得多大收获。由此,我想到了很多类似的教师教研活动,如作业布置随意化、备课方式形式化、评课行为虚伪化、研究过程应付化等。老师们在这种日复一日、年复一年的时间中平静度日。本来富有创造性的教育教学生活,却在这样的环境氛围里,让一些老师满足于"小富即安"的现状。

作为一名教师,应该明白使用数据作为教学决策和教学改进的依据的基础性作用,我们进行试题分析,不是仅仅满足"不错"的要求,而是要寻求精准的数据、实用的信息,达到"很好"的结果。教师应该承担结果分析者的角色,积极参与到分析数据和制订改进计划中来,更好地了解和掌握学生成绩的数据,高质量地完成教学任务和目标。

考试结果的分析与评价不能止步于分数和排名,更重要的是产出更多、更准确的有关学生核心素养发展的证据。教师要基于这些证据开展学情分析,并聚焦核心素养调整教育教学工作,指导学生分析自己的优势与不足,调整学习方式,进一步提高教与学的科学性,推动教、学、评的有机衔接。

而在我参加的这类教研活动中,时间既没能用来"消费",更没能用来"投资"。我说的"消费",意思是指拿出时间去看一本喜欢的书,去满足自己的兴趣,提升自己的生活质量。我说的"投资",意思是指在有效的时间内,尽可能地去专注地做好一件专业的事情,可以获得创造性的东西。换句话说,这样的教研活动没有赢得最大专业效益,形成解决某种问题的可行方案,通过反复实践探索,经历透过表象的本质思考,转化为成果或产品。这种思维方式,重点不是眼前的具体问题或任务,而是一个能够解决问题的未来方案,甚至是一个自己的愿景或使命,日常的一些策略仅仅发挥"工具"的作用。这是一种成果思维方式或产品思维方式。

也就是说,分析与评价活动要加强评价结果的分析与应用。

一是要加强对于评价结果的分析。如夯实考试分析,不仅要分析"一分三率"(平均分、合格率、优秀率和高分率),还要对试题和试卷的难度与区分度进行分析,反思命题工作;要结合细目表进行深入研究,了解学生核心素养的发展情况。

二是要探索多元化的呈现方式。对于评价结果,既要摆脱以往的分分计较，也不能简单地划分等级，而是要为学生提供更多、更有效的反馈信息。

三是要利用评价结果改进教育教学。教师需要结合学生学业评价结果，分析自己教学的优势和薄弱环节，及时改进。

用反思分析表促进学生学会学习

2021年8月,《北京市关于进一步减轻义务教育阶段学生作业负担和校外培训负担的措施》要求教师"练习后实行等级评价,不排名、不公布,合理运用练习结果"。学生和家长不知道具体分数,反而焦虑,不断追问教师。面对"双减",更应该把练习作为一把检验学生对知识掌握情况的尺子,及时发现问题、帮助学生查漏补缺、调整学习方法。基于班情,八年级数学学科强荣老师制作了班级期中练习数学反思表,引导学生进行阶段性反思,再出发。

1. 考前定的目标是否达到?　　□是　　□否
2. 主观分析——你认为目标达到或没有达到的可能原因是什么?
3. 客观分析。

参照下面的表格完成每道题目的改错,写在纸上,和练习卷、答题卡一起装订。

原自主学习层:全部修改。

原任务学习层:修改第1—24题。

原练习学习层:修改第1—7题,第11—14题,第17—19题。

题号	正确过程	错误点	如何提升该问题的正确率
17（1）	$3x^2-5x-2=0$ $a=3, b=-5, c=-2$ $\Delta=25+24=49$ $x=\dfrac{5\pm\sqrt{49}}{6}$ $x_1=2, x_2=-\dfrac{1}{3}$		1. 代数学习中，每天完成2道计算题。 2. 做题过程中，不省略过程，一步一步写。

当一个学生达到自己的目标，在自我评价中获得成就感，是一种激励。总结自己成功的可能原因，强化下一阶段自己好的学习习惯，如每天按时完成改错，积极完成拓展题等。当一个学生未能实现目标时，引导学生正确科学归因是反思的关键。如果他把失败归因为能力不足，特别是看到自己的能力比较固定，不太容易改变，那么其动机就可能会降低。如果学生把自己不理想的成绩归因于可控的、暂时的影响因素，如准备不充分、努力不够，或者是缺乏相关的信息，其学习动机就不会降低。在这种情况下，学生仍然坚信自己有能力改善行为，从而获得一个更为积极的结果。

4. 下一步计划。

基于下表各题目的难度系数，选择合适的数学学习层，努力完成对应层的学习建议，更好地提升数学成绩。

题号	1	2	3	4	5	6	7	8	9	10	11	12
难度	0.929	0.929	0.881	0.905	0.952	0.976	0.857	0.738	0.905	0.476	0.98	0.83
题号	13	14	15	16	17.1	17.2	18.1	18.2	19	20.1	20.2	21
难度	0.93	0.9	0.62	0.65	0.96	0.91	0.9	0.86	0.87	0.83	0.77	0.82
题号	22.1	22.2	23.1	23.2	24.1	24.2	24.3	25.1	25.2	25.3		
难度	0.79	0.48	0.76	0.7	0.87	0.11	0.33	0.6	0.17	0.07		

□自主学习层：除第16题及难度低于0.5（灰色部分）的题目外，其

余题目全对或者只有1处错误，说明你的基础过关，拓展题方面需要提升，允许没有数学笔记本，建议学有余力的学生选择该层。

学习建议：①每周三（早上收）跟进一次课本、练习册进度。②完成并改正单元拓展题，及时复习。③每单元至少按时提交2次老师要求的思考探究，倡导主动提问并探究。④完成单元复习三步走：以思维导图复习知识点，错题整理，题型归纳。

□任务学习层：除第16题外，难度高于0.5的题目有2处及以上的错误，说明你的基础还需要夯实，建议你选择该层，提高作业和改错效果。

学习建议：①每周三（第四节课后收）跟进笔记本情况。②按时完成老师布置的当天需要完成的学习任务。③当天错当天清。

□练习学习层：下发的第17—25题，错题数达到10个的同学，需要落实当天讲解的基础内容。

学习建议：①每天让老师跟进笔记本情况。②课本中的练习题，根据老师布置的进度完成。③当天改错。

经过前面三个方面的反思，唤醒学生想要改变现状的热情，然后给不同学生提供不同的学习建议，促使学生制订后续相应的计划。

给出各题的难度系数，让学生数学学习方法的选择更加科学。给出数学学习的三种选择：自主学习层、任务学习层、练习学习层。自主学习层的同学可以根据实际情况安排自己完成课后习题、练习册习题、拓展题、探究问题等的内容和时间，随时找老师批阅、交流，完成后在自主学习表格上画钩。这部分同学的数学基础较好，主动性高，只需要在过程中加以监测和调控即可。任务学习层的学生数学基础居中，错题的高效掌握尤为重要。他们根据老师每天安排的作业按时完成，拿到老师批阅的作业后当天完成改错，盯40多人变成盯20人当天改错，老师也有时间让学生进行面批，讲解错题给老师听，确保学生真正掌握。练习学习层的学生数学基础弱，对数学有畏难情绪，从数学中获得认可和成就感尤为重要。该部分学生作业内容主要以教材上的课后练习为主，可以询问老师、同伴、家人，每天掌握2道课后练习。老师在抽查讲解时及时给予鼓励，帮助他们寻找到数学学习的乐趣。

5.家长对于孩子的数学学习有什么想说的话?【选填】

学生的成长需要家校生三方协力,老师了解家长对学生数学学习的想法,了解对方的需求,高效与大部分家长进行阶段练习后的沟通,协同促进学生的学习。

强老师设计的这个练习反思表及其反思分析,是教师主动从练习内容、练习难度、出现问题等方面,引导学生对问题正确归因,激励学生进一步学习的动机。把学生分为三个层次,分别给予较为精准的学习建议,并紧跟相应的措施,不仅对本套练习题有很好的改错反思效果,更重要的是,为今后的学习树立了信心,提供了方法,实现了学生本人、教师和家长三方的有效合作。

这就避免了当学生拿到教师批阅过的练习卷后,往往只关注自己的分数的习惯,从而错失从自我评估中获得学习和改进的机会。当学生阅读填写完这个反思表,不仅可以获得老师的反馈意见,更是引导自己回顾、分析当前的考试表现。比如,可以发现自己的优势和弱势,反思自己的学习方法是否合适得当,分析自己的错误特征等,便于调整自己的后继学习。

这种方式,能让学生立刻思考他们为什么获得这样的分数,犯了哪种类型的错误,成绩与日常的态度、方法、习惯等有什么关系,怎样做才会使下一次成绩更好。教师可以通过分析,提供给学生更好的学习建议,找到共性问题,提供更加精准的方法与学习材料。教师也根据反思表数据改进自己的课堂教学方式和指导学生的策略,做到因材施教,有序推进。

建议教师把每一次反思表收集保存,可以在下一次练习前下发给学生,再次组织分析讨论,引导学生更有效地根据自己的反思和教师的建议,采用更好的学习方法来准备练习或考试。

这是一种以记录、分析数据为基础,以对学生学习及时测量实施的教学活动。学情分析是教学设计中一个不可缺少的环节,精准的学情分析能够为学习目标的确定、教学内容的选择和组织、教学策略及教学媒体的选择与运用等提供依据。学情分析是课程和教学改革的必然要求,是落实学生主体地位、切实转变教与学方式、实现精准教学的前提条件。通过课后学情分析，精准了解学生学习效果，利于教师反思教学，评价教学，实现"以评促教"。这样，教师便可从多个维度进行数据分析，精准把握每个学生的学习情况。

　　本案例引发了我的思考：在"互联网+"时代，要充分重视基于数据的"精准教学"，它是指在大数据技术和信息化教学媒体的支持下，以促进师生双向互动为抓手，以"低耗高效、轻负高质"为直接目标，为每位学生带来最大获得感的教学形态。教师基于数据分析，精准设计并实施教学，在教学过程中选择互联教学助手，实现师生、生生、人机等立体化的互动交流，实现对学生个体学习效果的即时评价和反馈，完成智能化的学习资源推送，实现个性化学习。

学习工具赋能学生更有效学习

在听课过程中,我经常发现老师们会给学生一页学习单,学习单上有问题、有要求,有的还有等级评价,以帮助学生在学习时有效落实。学习单上可以设计类型多样的练习,如填图类练习、填空类练习、完成习作或方案等。学习单就是一种课堂上常用的帮助学生学习的工具。

思维导图也是老师们常用的学习工具。老师们让学生在学习现场以思维导图的形式完成阅读学习内容,根据思维导图复述分享所学知识。有很多老师的板书设计基本都是运用思维导图结构化设计。

思维导图是表达发散性思维的有效图形思维工具。思维导图运用图文并重的技巧,把各级主题的关系用相互隶属与相关的层级图表现出来,把主题关键词与图像、颜色等建立记忆链接。它充分运用左右脑的机能,协助人们在科学与艺术、逻辑与想象之间平衡发展,从而开启人类大脑的无限潜能。

思维导图是有效的思维模式,是应用于记忆、学习、思考等的思维"地图"。思维导图已经在教育教学领域得到广泛应用。大家可以借助关于思维导图方面的论著进一步学习,以便于在自己的教学中更好地应用,呈现出更佳效果。

我还欣喜地发现,每位老师都会为某些问题、活动设计相应的评价量表。此类评价应该叫表现性评价(performance assessment),是指对学生完成任务的表现(如操作、表演、展示、写作等)做出的评价,而这里的任务通常是复杂的真实性任务。完成此任务的过程也是学生学习本单元相关知识的过程，同时，教师根据任务的完成情况对学生进行评估，即开展表现性评价。也就是说，这些评价指标与量规是和学习同时发生的，将评价融合到教学的整个过程之中，学生在表现性评价引导下的学习过程即为完成表现性评价的过程，评分规则要有助于帮助学生反思自己的表现、提高学生解决真实性问题的能力、为学生提供关于如何改进学习的有效反馈，从而让他们学会为自己的学习负责。清晰的评价目标与标准，有助于学生看到复杂任务的组成部分，因此能够帮助学生明确自己的学习任务目标，更容易地掌握所学内容，完成既定活动。

这样的评价注意多主体精准评估，既有教师、个人，也有同伴，其中同伴评价必须提供正面评估和建设性评估，以加强同伴互学；另一方面，被评估的对象，既有团队，也有个人。为了确保评价的精准性，教师可以开发标准和量规，供评估主体参考。同时，在表现性评价系统中，还配有各种支持性的课程资源供学生参考，比如在表现性评价中语言表达不可或缺，无论是书面表达还是口头表达，可以提供相关阅读素材。

七年级英语学科赵男宇老师的写作课中关于写作环节任务的设计，就很好地遵循了这一评价理念与原则，非常值得借鉴学习。案例如下：

春暖花开，*Teenage Magazine* 向你征集最美校园打卡地点。请你以 Best Place in Yuying 为题，为该杂志写一篇征文，选择一个学校中最喜欢的地点进行介绍，并给出具体理由。

要求：

1. 从多角度介绍自己最喜欢的校园一景。（when, who, what, how…）

2. 运用 2～3 个最高级表达描述这一地点的特征。（the most popular, the most relaxing, the quietest…）

3. 征文字数不少于 60 词。

征文评价标准	分值	自评	互评
Structure 分段落介绍特征，有开头、主体和结尾。	2'		

续表

征文评价标准	分值	自评	互评
Content 介绍包含 when，who，what，how 等要素，能够表达出对推荐地点独特的理解和情感。3' 通过适当举例使文章更充实生动。1'	4'		
Language 语法错误少于 3 处。1' 正确使用形容词和副词最高级的表达 2~3 处。1' 尝试运用比喻等修辞。1'	3'		
Handwriting 书写美观，正确使用修改符号，无涂黑。	1'		

The places in Yuying: Century Forest（世纪之林）, Yuying Farm，Yuying Zoo，Zhumeng Playground（逐梦操场）, basketball court（篮球场）, stadium （体育馆）, music square, library, No.5 dining hall（5号食堂）…

Useful expressions:

Yuying School is like a beautiful garden in spring. …is the best place to go in Yuying.

The Century Forest has the most people in the noon.

The zoo has the most kinds of animals. You can see alpacas（羊驼）, peacocks（孔雀）and…

We can have the most delicious food in No.5 dining hall, such as dumplings, rice noodles and spicy hot pot（麻辣烫）.

Zhumeng Playground is a hottest choice for sports fans. We have the most exciting football game there.

If you want to enjoy a time with books, you can't miss the quietest library.

It has the most books such as…

I can never forget the most beautiful show on music square.

There is something for everyone in Yuying School, and …is the best.

再次借用李轩老师的评课片段,来谈谈七年级地理学科刘玉潇老师在课堂上运用自主研发的教具来进行现场实验的教学魅力:

刘老师精心设计制作了一组道具,材料包括吸铁石、硬纸板、卷纸、小电风扇。经过她的巧手,这些材料组合成了"欧洲西部温带海洋性气候成因原理"模型,吸铁石确保了这些实验道具能在黑板上演示。学生上台举着电风扇模拟大西洋湿润气流,硬纸板制成的山脉对气流的深入有没有影响?卷纸摆放距离海洋的远近对感受气流的强度有没有影响?这些现象在实验中一目了然,通俗易懂,令人拍案叫绝。

我观察到,刘玉潇老师在黑板演示实验的时候,不仅是学生,所有听课老师也都抬起头伸长了脖子安静地观看,在那一刻,她用自己亲手设计的实验吸引了在场所有人的注意力。刘老师用自主研发教学用具进行实验教学,堪称是本节课的画龙点睛之笔。教师自主研发教具,或让学生自主制作学具,这一传统的教学策略应该继续发扬,传承下去,不应该被当下现成丰富的研发好的教具或现代化工具完全代替。

另外,八年级英语学科果璐老师在教学人教版八年级下册 Unit 9 Have you ever been to a museum?时,就选用了三种学习工具。

一是问卷星——收集学生前测数据。

保证补充阅读是学生感兴趣的内容,是激发学生阅读兴趣的重要一步。在本节课前,学生做了关于"以下几个国家,你最想去哪里旅行?"的问卷调查,以此为依据,搜索并给学生下发补充阅读材料,开展泛读活动。

二是课堂有点酷——倒计时工具。

在课堂教学中,时常需要学生留意时间,在规定时间范围内完成任务,只有当所有人都留意时间的时候,活动才可能是高效的。过去倒计时的掌握,要么是看挂在教室后面的时钟,要么依赖于教师的腕表,现在则更多的是靠智能手机。无论哪种,都不直观、不清晰,无法让所有人都注意。因此,倒计时的设计,目的在于提升活动的效率。

现在网络上的倒计时工具很多需要下载和安装,有些软件或插件的安装过程不仅复杂，而且稍不注意就会下载很多附带的垃圾软件，而有些软件显示太小，不醒目，非常不方便。果老师采用了网页版倒计时器，名字是课堂有点酷，界面非常简洁，黑底白字非常醒目，操作非常简便：第一行，可以输入活动的标题（选填）；第二行，输入具体的活动任务（选填）；第三行，设置倒计时的时长。学生在进行"写"的活动时，为了让氛围不那么低沉，还可以选择轻音乐直接播放。同时，如果教师有线上教学的需要，这个网页也有其他五款用于线上互动的功能。

三是应用平台——视频资源及其查找方法。

本课涉及新加坡的夜间野生动物园，为了让学生线上感受动物园的风景，教师设计了观看视频的活动。但是在观看视频之前，教师向学生抛出问题，询问他们应该如何搜索视频资源，目的是"授人以渔"，向学生普及搜索官方资料的方法和途径，既方便学生准备下节课展示，又可以拓宽学生资料获取的渠道。

作为数字时代的原住民，我们更应明白"工欲善其事，必先利其器"的道理。教师应该引领学生利用好工具，提高主动学习的效率。使用工具，不是为了用而用，要树立工具思维，明白使用工具的目的、达到的效果、具体的应用场景等，把握"遇到痛点，试着采用工具解决"的原则解决问题。借助一些适合的学习工具辅助学习，让学生在主动学习和思考中能收获更多，无形之中进一步促进主动学习，形成良性循环。

"双减"下表现性评价的应用

2021年7月，中共中央办公厅、国务院办公厅印发《关于进一步减轻义务教育阶段学生作业负担和校外培训负担的意见》，正式实施针对义务教育阶段学生的减负减压政策。对学校教育而言，"双减"政策的出台将会改变现有的教育秩序，让教育重回正轨，它既是推动学校教育主体回归的机遇，无疑也给学校教育带来了挑战。

我校对课程体系进行了系统顶层设计和结构化处理，厘清了理论逻辑与行动路线图。如我校的课程体系内容之一"在学科中学习"属于国家课程范畴，在课程建设方面要回归学科课程本位，突出学科课程的育人价值，聚合学科课程的育人效力。该课程主要由"基础课程、阅读课程与学科实践"构成。

以初中英语学科课程为例，基于学校课程体系，整体构建了初中英语学科课程目标、课程内容、课程实施与课程评价体系。课程目标基于国家学科课程标准，细化学段课程目标和学业标准。课程内容包含三个部分：依托人教版教材构建基础课程，依托典范英语等课外读物构建阅读课程，每学期开展1～2次学科实践活动。学校将英语学科课程评价纳入到学生综合素养评价体系学科课程积分部分。课程评价采用终结性评价和过程性评价相结合的方式，充分发挥评价对教学的导向作用。

从实施过程来看，有效的评价不但激发了学生学习的兴趣，提高了学生参与课堂、学习英语的积极性与主动性，同时也提升了课堂教学质量，提升了学生综合语言应用能力，促进了学科核心素养的培育。

下表展示的是英语学科综合素养评价方案，可以看出过程性评价项目包含学生课堂表现、作业表现、自主阅读表现和学科活动表现。

2021—2022学年八年级第一学期英语学科综合素养评价方案											
过程性评价（35%）								终结性评价（65%）			总评价100%
课堂		作业		阅读素养		学科活动		期末成绩65分			总分100分
期中5分	期末5分	期中5分	期末5分	期中5分	期末5分	期中2.5分	期末2.5分	期中20分	期末30分	口试15分	

在评价实施过程中，遇到了一些问题，比如课堂、作业、活动评价缺少评价标准和细则，教师打分不够客观，不同年级老师之间打分存在较大差异，因此要细化评价方案，师生要有清晰的评价标准。再者，评价的主体是教师，教师根据学生的各项表现记录打分，记入综合素质评价积分。这种评价方式忽略了学生自我评价的作用。教师应积极指导学生评价自己的学习行为和学习结果。

基于以上问题，我深入到由刘晶老师所率领的英语学科评价研究团队中，通过课堂观察和现场访谈等方式，详细了解和学习这个团队利用表现性评价探索评价方式的变革。

表现性评价的概念在本章上一篇文章《学习工具赋能学生更有效学习》一文中做过解读，在此不再赘述。表现性评价"能检测学生的高阶思维能力，以及运用知识去解决真实的、有意义的问题的能力，同时可兼容多种学习方式"（达林哈蒙德，2014）。关于表现性评价，有这样几个关键词：任务指向、真实情境和经验运用。例如，如果你想观察学生在活动中的合作与解决问题能力的发展，那么就可以先确定表现性任务：会进行哪些活动？任务中会考察哪些合作与解决问题的能力？其次要确定观察的次数和时长，最后要找到合适的评价工具，如等级量表等。下面介绍刘晶团队的实践研究成果。

一、利用表现性评价提升英语课堂质量

英语课堂评价（共10分）					
课前准备	认真倾听	同伴/小组讨论	课堂展示	课堂笔记	总分
1分	1分	3分	3分	2分	10分

根据英语学科的特点，发挥评价的导向作用，在评价内容上增加同伴讨论、课堂展示和课堂笔记的权重，引导学生提升同伴练习和小组练习的质量。同时设计表现性任务，制定表现性评价标准，实现与学习同时发生的评价。

例如，在人教版英语七年级下册 Unit 9 What does he look like? Section B An interesting Job 一文的学习中，教师设计的表现性任务包含走进警察画像师的职业情境，首先要求学生从"reporter"的角度对"police artist"这一职业进行提问，充分激发学生的阅读兴趣。学生带着问题阅读文本，对文本信息进行结构化整理，深度理解文本内容。通过完成采访教材中警察画像师 Joe 的角色扮演活动，完成对语言的内化。让学生体验警察画像师的工作，通过询问目击者"罪犯"的外貌特征操练目标语言，同时根据提问和回答，将人物外貌描写的句子落实到笔头上，形成一篇"通告"。教师通过设计提问、表演、展示、小组问答和写作等这样的表现性任务实现了与学习同时发生的评价，实现了教学评的一致性。课堂教学评价不能流于形式、浮于表面，要基于课程标准，研读语篇，分析学情，明确课时目标，基于标准设计表现性评价任务，通过表现性评价提升课堂质量。

再比如，人教版英语七年级下册 Unit 11 How was your school trip? Section B 2b 阅读部分，在第二课时设计了读写整合的课型，学生通过阅读，在写作表现性评价量规的指导下，完成一篇"trip journal"。首先，教师出示写作量规，让学生阅读教材并对教材中 2b 课文中 Helen 和 Jim 的旅行日记进行评价，学生在评价中理解评价准则。之后根据评价标准完成写作，写完之后完成自评，然后同伴互评，最后是老师评价。

写作评价单	
1. 有主题句。	1 分
2. 包含描述 trip 的要素（when, where, how, what…）。	2 分
3. 写出与主题相关的 2～3 个关键活动，每个活动有简单细节或感受。	3 分
4. 活动和活动之间衔接自然。	2 分
5. 语法正确，标点正确，拼写正确，注意大小写。	2 分

二、利用表现性评价提升英语作业质量

课外作业是有效连接教与学、家与校的重要环节，是教师用来强化课堂学习成效的重要工具。引入表现性评价，将作业评价纳入到作业设计当中，力图实现课堂教学和课下学习的有机融合。

比如，教师通过单元主题教学将语言形式和语言意义相结合，让学生运用思维导图和图形组织器对所学内容进行梳理与归类，这既有利于学生观察语言现象，概括语言信息，梳理语言规律，更有助于学生探究主题意义，发展语言能力，提升思维。

以八年级上册各单元为例，我们通过提炼单元大观念，构建单元思维导图，更好地促进了学生对词汇句型的理解和记忆。

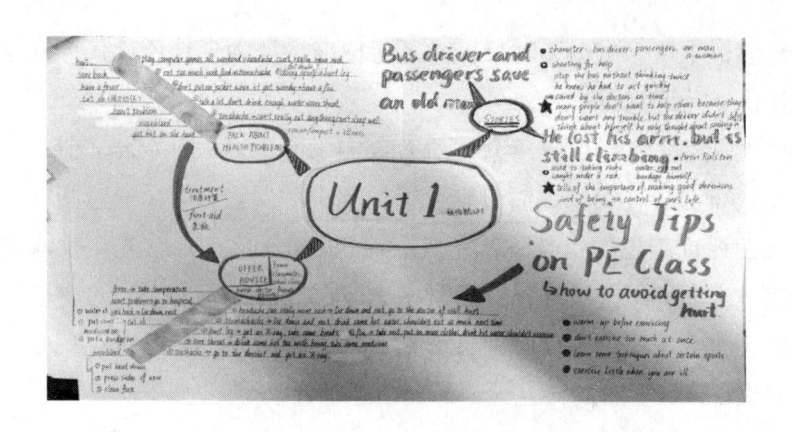

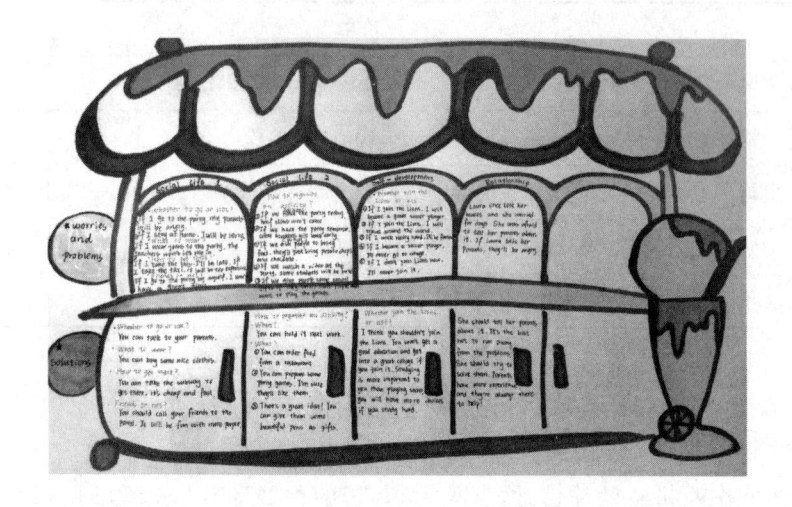

三、利用表现性评价提升英语活动质量

在英语学科活动设计中采用语言项目学习的方式。语言项目学习作为一种能够有效促进学习者语言学习、内容知识学习及综合实践技能学习的教学方法,有利于教师改变教学方式。师生共同协商项目主题,制订项目规划,开展项目成果展示和项目评价反思。下面提供一个英语典范剧项目,供大家参考。

八年级期末英语典范剧展演活动方案

一、剧本范围

典范 8 全册。

二、剧演准备过程

1. 编剧的选定及职责：全班范围内自荐或推选编剧，全权负责改编剧本（主题必须阳光向上，具有积极正能量）、统筹本组表演过程等。

2. 演员的选定：剧本的演员由编剧和全班同学"双向选择"选出。演员根据个人喜好和剧本需要选定剧组，编剧有权根据实际情况选择演员。

3. 角色设定：角色的数量可依据剧情需要设定，每组也可以设置道具、服装等幕后演员（道具的选用必须提前找本班英语教师过审）。

4. 彩排：在正式表演之前的准备阶段，编剧应提前与组员商讨彩排地点和时间（由于空教室的时间和空间占用问题，需要提前向本班英语教师申请协调），演员需按规定准时出现在彩排现场，有故须提前向编剧请假。若出现演员不配合等状况，编剧有权制定规则，随时更换演员。

5. 班级正式演出时间：2021 年 12 月 6 日—10 日（具体时间根据班级实际情况定），选出 1～2 组进行年级演出。

6. 年级正式演出时间：2021 年 12 月 20 日—24 日（具体时间根据实际情况定），演出地点在静桃小剧场。

三、评价标准

本次典范剧展演共 5 分，评分标准如下。

评分标准	评价细则	非常满意 1 分	比较满意 0.5 分	待改进 0.2 分
脱稿演出 1 分	全员脱稿			
语言 1 分	流利度、准确度等			
舞台表现力 1 分	演员舞台站位、声音、动作、表情、与观众的眼神交流等			

续 表

评分标准	评价细则	非常满意 1分	比较满意 0.5分	待改进 0.2分
舞台效果 1分	服装、道具、音效等			
综合效果 1分	演员默契度、观众反应			
剧本改编创新（附加分1分）	主题正能量、积极向上，较原剧本故事有创新			

刘晶老师的研究团队将表现性评价嵌入日常课程与教学之中，与课程教学、作业设计、学科活动等统整起来。如周文叶和毛玮洁老师在其文章《如何设计与实施促进素养形成的表现性评价？》中所描述的："表现性评价指向的素养目标也是课程中的学习目标；创造在真实情境中解决问题机会的表现性任务既是评价任务，也是学习任务；评分规则在用于判断学生素养水平的同时，也是反馈的工具、学习的支架。"

值得再一次强调的是，素养本位的表现性评价应用，不仅需要利用评价工具来支持教师的专业判断，还需要利用评价工具引领和促进教与学。教师设计评价工具的过程能增进教师对教学内容和学生学习进阶的理解；学生理解评价工具的过程则是在逐步明晰"表现"和"方向"的过程，而学生在完成表现性任务的过程中积极运用评价工具能够帮助他们获得及时性反馈，培养元认知能力。

第四章

长于驭"术"优"艺"

导语

教学是一门技术还是一门艺术？在教学中，何为"术"？何为"艺"？

这个问题很复杂，简单概括："术"是物质的、有形的、基础的；"艺"则是抽象的、无形的、锦上添花的。

技术是基础，有规则，可遵循，能复制——教学活动是一门专业度很高的工作，无论是理论基础还是实际经验，都需要遵循规律不断探索；艺术是灵感，靠的是智慧，需厚积薄发但不神秘，功到自然成——教学面对的是学生，教师需要运用个人智慧精进教学方法，在传授文化知识的同时帮助学生形成良好的世界观和价值观。

技术人人必须有，艺术人人可以有，所以便要驭"术"优"艺"，但前提是要做到两个字：见人。学生饱满的获得感源自课堂上充分的生成性。生成性的获得，需要教师有发现与捕捉"人"的能力。见人便需要有关注细节的意识，正是这些细节，彰显了教师的个人风采，凸显了教师的教学风格。

知识的优化、方法的可行、引导的恰切，是教师上出好课必备的能力。只有以真智慧教人，学生才有获得感。不论教什么课，能够登高望远，着眼于人的成长，关注人成长的时代性，才能发现教育教学改革的关键。

做"巧"夺天工的教学设计

10月13日第七节课,我听了六年级李巧老师的一节英语汇报课。李巧老师是刚入职不到两个月的新老师,她的课题是人教版英语六年级上册 Unit 3 Animal World。

本节课学习目标:

1. 学生能够听懂并记录关于动物种类、技能、食性方面的信息词(mammals, climb trees, eat peaches and bananas)。

2. 学生能够用以下句型口头谈论动物的种类、技能、食性以及形态特征等方面。(1) What kind of animals are …?(2) What can … do?(3) What do …like to eat?(4) What do…look like?

3. 角色扮演,学生能够以讲解员的身份口头谈论自己喜爱的动物(内容不少于种类、技能、食性以及形态特征四个方面,可适当补充)。

这节课是在英语教研组全体教师集体智慧的基础上打磨的一节课,目的是让新教师经历这种磨课的过程,希望她迅速对备课、上课、说课、评课等常规性教学行为有整体的了解,便于自己更顺利地自主操作教学工作,进入专业成长的快车道。

进入教室,我选择了坐在最后排的一位男孩子的旁边,我一直在观察着这个孩子,他很积极主动,随着教师教学问题的不断抛出,他几次举手想参与回答,但是总是没有机会。此时,我在想,这可能就是新教师的短板吧,她可能还照顾不到某些位置边缘的学生。我期待着李巧老师会看到他,如果真是如此,李巧老师一定是一位在课堂上能看到人的老师。正想着，李老师允许了这位男孩的屡次请求，让他站起来回答了一个问题。这个小孩看上去很满足的样子。其实，我低估了这位新教师敏感的课堂捕捉能力，她早就看到这位男孩子了，只是在寻找机会，在与其他想积极回答问题的同学之间寻找到合适的平衡点。

其实，从一上课开始，我就给自己定了一个任务，看看新教师是否关注学生的学，给学生做事的机会，我知道，新教师在这方面是薄弱的。从李巧老师导课开始，我就暗暗地在心里数参与学习活动的学生人数，有多少举手的，有多少主动大声开口说话的，老师点名叫了多少学生，得到主动回答机会的学生人数，用什么样的学习方式调动了多少学生。我同样低估了李老师的预设与灵机调控能力，上面我所期待的现象与方式李老师都兼顾到了，一堂课里举手学生占多数，且都举得高高的。我观察到李老师上课的一个细节：当她等待学生举手时，她的眼睛会说话，眼光、眼神与所有学生相遇，奇妙的事情发生了，所有学生此时都举起了手。我粗略计算了一下，李老师点名起来回答问题的学生大约有 30 人，占全班人数的四分之三。当然，李老师还设计了自主学习、小组学习的方式，可以让每个学生都参与到学习思考之中，且学习方式、学习活动从简单到复杂呈阶梯式攀升，学生有台阶和支架逐步走进深度学习。我观察到李老师所指定的学生，平均分布在教室的不同区域，这是一种分布式课堂管理技巧。

在评课时，我说在这节课上李巧老师用了好几种教学方法，当然对于李老师来说，她可能还意识不到。这是以王小辉为首的英语组全体老师的功劳。在情境导入环节，刚开始我认为是简单的复习导入，结果李老师用的是"问题导学法"—— find the difference，这样思维含量就有了。当然，这里同时也用了"图片教学法"，这种方法在李老师的课堂里用得比较普遍，如课堂第四个环节展示一副动物园图片创设情境：Finally, let's come to the zoo. If you were the tour guide, you need to introduce the animals to the others. Here is a sample. Your group needs to read the first and last paragraphs together and then each student talks about one animal. Now, please take out your picture first. And your performance will be assessed from the content, language and performance. Then, please work in your group and practice the conversation.

以上环节还运用了"小组合作教学法"，当然，在李老师的课堂上，有两两合作、四人合作，还有全班合作。李老师敢于大胆让学生到教室前面按照四人小组的方式集体展示合作学习成果，这是很让人佩服的地方，这展现了一名新教师良好的课堂驾驭能力。同时，李老师运用了"示范教学法"，比如她请一名学生与她一起现场进行示范对话，然后安排学生开展两两对话活动。他们示范时其他学生会认真倾听，避免了教师用啰唆的语言分配任务。李巧老师还运用了"游戏教学法"：

T: Now let's play a game to practice the sentences. You need to spin the wheel and make a dialogue.

S: Spin the wheel and make new sentences.

（备注：句式——What kind of animals are …? They are…）

这种教学方法适合六年级学生的认知和身心特点，能够激发学生浓厚的学习参与兴趣。

教研组长王小辉老师这样评价本节课的亮点：教学设计基于课标和教材，教学环节重点突出，设计流畅自然；活动设计生动有趣，形式多样，学生参与热情高；创造性使用教材教学资源并进行恰当的教学资源补充；板书规范，呈现出了本节课的教学目标。

我的评价可以用一句话表示：课堂环境与氛围呈现出和谐的美感。李老师的课件制作非常精致，色彩温暖，字的大小、结构排列、音频声音都恰到好处。我发现一个细节：有一张PPT页面，用了黑色、黄色、绿色和红色四种颜色，让我惊奇的是表格中竟然从深绿到浅绿用了三种绿色；她的板书设计运用思维导图方式，书写规范，字体俊逸，也是用了三种颜色，且用"？"这种符号，提示学生进行下一步的思考。板书设计、课件设计与课堂任务活动设计相得益彰，相机运用，都起到了最佳效益。据王老师说，李巧老师还特意选择了这次上课穿着的服装，这是何等的用心。怪不得名字叫李巧！

这是师父王小辉老师对李巧老师的建议：

播放介绍猴子的视频后，老师提问两个问题：What do monkeys look like? Where do they live？可以把问题改成：What can you learn from the video？这样一来，学生的回答不受老师的两个问题的限制，那么学生的思维就能更开阔，表达更丰富。另外，学生在前台展示时让学生站在中间，把舞台交给学生，老师此时是观众，站在一边静心欣赏。

还有一点我想说的是，作为年轻人要戒骄戒躁，多向身边的老师学习，多读书，多反思。踏实做事，感恩做人。好好打磨自己的常态课，做到每节常态课即示范课，每节示范课即常态课。

"探学情"比"赶进度"更重要

我指导毕业刚好五年的栗方薇老师上了一堂研究课，她按照我的建议进一步完善教学设计，再次上了一节课后撰写了教学反思。从课堂效果看，基本体现出来我对栗老师的指导。也可以得出一个结论：谦虚好学的年轻人注定是最进步的那个人。年轻人在工作五六年的时候，最需要这样的既有理论意义，又有实践操作的引领。

一堂课对于学生和老师的意义是什么？我想，学生来学校，不单单是来学习、追求所谓的考试分数的，他们还是来享受校园生活、享受自己美好的年华的。遵循对教育的理解和育人的情怀，最近，我一直在致力于打造"敢为人先、勇于展示"的英语课堂文化，鼓励学生大胆表达。在一次阅读课上，学生的转变的确很让我惊喜，也让我看到了他们无穷的潜力。而这个过程的转变，首先源于我的转变，一点点实现化"教"为"学"的转变。

现在，当我在课上巡视学生课堂任务完成得如何时，不再按之前自己预设好的时间点按部就班地进行，而是一切以"课堂的实际发生"和"学生的实际表现"为依据。当看到部分学生还未画完思维导图，而按照我预设的时间已经该到下一环节的时候，我没有着急，而是稍稍等一下，因为"学情"比我的"进度"更重要。回想起入职五年以来自己英语课堂的变化，从一开始的讲授，到课堂上以学生为中心设计教学，再到真正关注学生的学，在这个转变的过程中，真正督促自己"把课堂还给学生"，也越来越理解什么是真正的"以学生为中心",从而进一步真正实现"把学习的权利交给学生"。

基于以上教学理念的转变,我在本节课的设计中,十分关注学生是否发生了深度学习,这取决于:其一,是否有交互性的学习活动;其二,是否有高层次的思维问题;其三,是否有促进学习的评价引导。下面,我就这三个方面逐一阐述。

一、是否有交互性的学习活动

我遵循以学生为中心的设计理念,设计了系列交互性的学习活动。首先,我通过问题链引导学生总结文章大意、梳理文章结构。其次,在提取思维导图要素的基础上,引导学生通过画图并复述思维导图来落实目标语言。这一环节,先是指导学生自己画思维导图,画完之后互相完善补充,之后可以选择一人或两人合作进行复述,并到台前展示。最后,设计帮助同学找学生卡的对话学习活动,督促学生在小组合作学习中巩固语言、学会做事。

在课后对学生的问卷调查中,学生的反馈有:一是在老师的引领下,我们对篇章结构有了更清晰的认识,更好地辅助我们做思维导图。二是我们画思维导图的过程其实就是自主构建框架、梳理知识的过程,这有助于我们更好地落实语言。让我们印象最深刻的是于果同学的思维导图展示,他的思维导图逻辑思维清晰严谨,用最简洁明了的语言清晰地表达了自己的想法,而且好多短语的使用让人眼前一亮。三是如果最后的活动展示环节可以多一点时间讨论,再多几个组展示,可能会更好!

通过学生的反馈,可以看出:以学生为中心的课堂才是学生真正喜欢的课堂。一节课是否精彩,不是由老师的"讲"来决定的,而是由学生的"学"决定的。好的课堂,不仅能给学生提供展示自我的舞台,还能给学生提供"互相欣赏、互相学习、共同进步"的平台。

二、是否有高层次的思维问题

在思维导图展示完毕后,我问了两个问题:

1. What's Robert Hunt's advice? (It is best not to run away from our problems. We should always try to solve them.)

2. Do you agree with him? Why?

关于第二个问题，有学生说："Yes, I do. Laura's example proves what Robert says is true. Moreover, if we run away from our problem, the problem will remain unsolved and it will become a bigger problem, so we should always try to solve them."

这一问题，着重于培养学生的高阶思维（分析和评价）。

三、是否有促进学习的评价引导

嵌入式量规评价，作为与学习同时发生的评价，将评价融合到教学的整个过程之中，评价变成了改进学习方法、提高学习能力的载体。本节课注重教学评一体化，有效运用了嵌入式评价，评价的使用有效避免了"出现问题补窟窿"的教学现状。最后一个活动给出的时间虽然短，学生却在短暂的时间里"精彩绽放"。我认为，学生展示精彩，原因之一是本节课前期对目标语言的落实是很到位的，原因之二是评价单的运用有效辅助了学生的过程性学习。

Evaluation Form

We can use "if …, will" for 4~5 times.	★★★★★
We can speak accurately.	★★★★★
We try to be caring, helpful and considerate.	★★★★★
We can preform vividly.	★★★★★

当然，本节课还有一些待改进的地方，比如各个活动间情境的创设，最后一个活动（帮助同学找学生卡）在情境创设上略显生硬。可以考虑一开始就设置主情境："We can help station" is helping some students to solve their problems. 最后的子情境就是：Let's help our classmate.

再就是对文本的结构分析，最后一段的文本解读，是否应该把Robert Hunt的建议作为文本的深化而非证明观点的例子？对论说文的文本结构分析，以及最后活动的展示时间略显仓促，如何权衡好各环节的时间，都是以后要关注调整的。

如今，我借助"是否有交互性的学习活动，是否有高层次思维问题，是否有促进学习的评价引导"三大策略，实现了学生在课堂上深度学习的理想状态（唤醒活力、激活思维），勇于表达的学生越来越多。

我永远记住叶圣陶先生说过的话："我以为好的先生不是教书，不是教学生，乃是教学生学。"在课堂上做到"探学情"比"赶进度"更重要，做一名积极主动的教学改革者，让学生的学习在课堂上真实发生。

这篇教学反思我很欣赏，主要是欣赏栗老师学了就开始行动起来的态度，进行积极的探索尝试。尤其是她主动邀请他人来观察她的课堂，在虚心听取建议后再次邀请他人来观察她的课，然后写出自己的教学反思，给他人阅读，请求指教。这样的行动其实就是一种自我课例研究的经典行动。不过她仍然抓不准自己课堂改变的要领，也不擅长撰写反思类文章，这一点我明确地告知了她，希望她学会写教学反思。

课堂细节的核心是"目中有人"

9月7日，我应邀走访了七年级英语老师赵男宇的一节课，晚上收到他的课后反思，很为这名年轻老师的领悟能力叫好。

赵男宇老师对他的课是这样反思的：

本节课是一节以听说为主的新授课。在备课的时候和本组老师将讨论重点聚焦在操练环节的设计上，在考虑了趣味性、互动性、情境性之后，最终确定了"Let's start our own band!"这一活动。从课堂实施效果来看，该活动调动了大部分学生的参与性，针对不同学生的语言基础，活动角色分为乐队组织者与乐队参与者，尽量使每一位学生都能够参与到练习中。本节课我基本上做到了对学情的关注，将课堂还给学生，给予学生充分的展示空间和练习机会。教学环节衔接得当，教学流程较为顺畅，教学目标基本达成。

本节课在汇报展示环节耗时较多，可以适当精简，为分层布置作业留出时间；此外，课堂还应进一步加强对学生当堂记忆、书写的实效检测，改进课堂反馈机制，提升课堂效率。例如，本节课以听说为主，但是否要完全忽略书写？除了教材中的填表任务，如何在操练环节适当引入笔头的落实，帮助学生加强对核心句型的掌握，避免其在汇报时过度依赖PPT？以上细节需要我进一步思考完善。

李志欣校长在评课环节中指出，一节好的课堂，问题的解决和学生的所得应该是所有人关注的焦点，而非教师的个人教授。当课堂的参与者关注点集中在问题的解决上时，他们会发现老师不知不觉"消失"了。当问题的解决遇到了瓶颈，需要有人点拨指引时，老师又在不知不觉中适时"出现"。这种"若有似无"的把握，首先需要老师具有"让位"意识，敢于把课堂还给学生，突出学生"学"的主体地位。当然，简单的"放"需要精巧的设计作为依托，就像是为婴儿提供一台学步车，让其在学步车的助力下自己探究走路的要领，而教师要做的则是在观察之余，提供必要的保护和指导。一个经过精心设计的课堂任务，就像是一台设计合理的学步车，为教师的"放"和学生的"学"提供了强有力的支撑。因而今后，我要进一步加强对任务驱动（TBLT任务教学）的研究，从学生视角出发，设计出既"有趣"，又"有用"的问题和任务，用问题激活课堂，用任务丰富课堂，让自己成为一个"若有似无"的教师。

回想起赵男宇老师的课，仍感余味无穷。我被这位年轻的男教师如此对待课堂的细节而感动，我认为，正是这些细节，彰显了教师的个人风采，凸显了教师的教学风格。细节是一堂高效益课堂的必备营养，是课堂提升质量的必要策略。

赵男宇老师的课堂环节很多，但过度自然和谐，从不拖泥带水。每个环节的任务都进行了精心设计，层层递进，由简到繁。自主学习、两人合作、四人合作、组组合作、全班合作，方法灵活，创意不断。

我发现，老师能关注到每一名学生的情感情绪和行为状态，不是用说教生硬地要求学生，而是通过自己的情感态度、肢体语言、方法策略来影响、激励、唤醒学生的认知、思维和兴趣。比如，耐心地走近每个学生进行观察，收集每个学生暴露的问题或信息，作为开展学习活动的切入点和启动器。

老师事先把文中的乐器图片打印出来做成卡片，课前发给学生，给学生制造悬念。先通过播放文中这些乐器的演奏声音，让学生猜测突破重点词汇，然后播放增添的乐器的演奏声音作为拓展内容，在此主要是为了激发兴趣，满足基础好的同学，也为后面组组合作做了铺垫。

组组合作是如此设计的：

Students try to make a band with the music cards in their hands.

Activity rules:

You should have at least 7 students in your band.

Everyone must do different things in the band.

Supporting language:

(1) Let's start our own band!

A: I want to start a band. Do you want to join?

B: Yes, I do.

A: Can you play an instrument?

B: Yes, I can play the drums really well.

A: Very good! C, can you play the guitar?

C: Yes, I can. But I can't play it very well. I'm good at singing.

A: Sounds great! D, what instrument can you play?

…

A: We are a band now! Let's name our band.

(2) We have our own band!

A: I want to start a band. I can…

And I invite them to join.

B. I can …

C. I can…

…

Now we have our own band, _____ Band!

Welcome to our show!

Band leader and his or her members introduce their band.

我最欣赏的是赵男宇老师在学生开始活动前学习了事先制定的活动规则，使看起来很乱的组组合作、全班合作的活动，其内在秩序良好。这体现了老师收放自如的课堂调控能力，也可以看出老师"以评促教"的教学思想，利用嵌入式、表现性评价，来引领学生积极参与学习，评价与学习活动同时发生，对所学知识进行迁移运用。

赵男宇老师还把学校的金帆乐团巧妙地设计到教学任务中，贴近学生生活实际，增进了学生的荣誉感，拓展了学生的词汇量。

如果评论这堂课的特色，我想说，其实就是一堆细节。这堆细节里的一个关键词是两个字：见人。见人，就是把人当人，把孩子当孩子；见人，就是可以洞察和捕捉到学生幽微而丰富的心灵世界里每一个微妙的变化。

苏霍姆林斯卡娅说："我们可以'看到'孩子，但是'看见'孩子却不那么容易，因为看见孩子包括看见孩子内心的东西。对老师来说，我们应该要看见不同的孩子，看见每一个孩子的不同点。"赵男宇老师的课堂，其价值即在此。这是教育最重要的智慧和策略。

教学设计的"有舍有得"之道

听潘啊媛老师的一节写作课,有一些感想,现与大家分享。首先让我简单分析潘老师的教学设计。

一、完善的教学设计赏析

写出人物精神
——部编版初中语文七年级下册第一单元写作

【教学目标】

1. 把握人物的外在特点和内在精神之间的关系,不仅要写出人物的外在特点,还要写出人物的内在精神。

2. 掌握塑造人物形象的方法,体会细节描写对于塑造人物形象的作用,学会抓住典型细节表现人物的精神风貌。

3. 学会有创意地表达,能够运用对比、衬托等表现手法,以及描写、议论、抒情等表达方式,反映人物的个性特征。

【课前准备】

1. 七年级下册语文课本。

2. 随笔《我的母亲》片段。

3. 片段素材学案。

【教学过程】

导入:

1. 回忆去年三八妇女节"大腹便便谢母恩"的活动,激发起为母亲献礼的兴趣。

2. 通过对比"我的母亲"和"作为母亲的我",让学生感知不同人物的不同特点。

活动一:跟着课文学写作。

1. 跟着课文学细节描写:《说和做》片段。

2. 跟着课文学写作方法:《邓稼先》片段。

3. 跟着课文学写作方法:《说和做》片段。

活动二:抓住典型细节凸显人物精神。

展示学生习作。

写作支架指导:把人物放在具体环境或事件中。

写作对象	环境	事件	外在表现（语言、外貌、行为等）	外在特点	性格/气质
刘元灏的母亲	夜晚	去医院	外貌(衣着)、动作、语言	手机不离手	爱岗敬业

第一次升格:

要求:为写出"母亲在平凡岗位上爱岗敬业"的精神,选择一个点给语段增加一两句合乎情理的细节描写,突出母亲的精神。(请在原文添加)

活动三:有意识地运用写作方法,展现人物精神。

写作支架指导:要展现人物的精神风貌,对比、衬托是常用的写作方法。环境描写、正面描写与侧面描写相结合,有助于突出人物的精神品质。

第二次升格:

要求:在语段中,有意识地借助一些写作手法(对比、衬托、正面描写与侧面描写相结合),突出母亲的精神。(请在原文修改)

活动四:以"我"的感受来刻画人物。

写作支架指导:提炼人物的主要性格或气质,多运用议论和抒情来对事件进行挖掘,深入事件本质,点明题旨,升华人格,凸显人物的内在精神品质。

第三次升格：

要求：在语段后，有意识地运用一些抒情、议论的句子，直抒感悟，来烘托母亲的形象。

升格自己的作品。

教师总结：

写出人物精神

选择个性化的素材（可视化的血肉）　　外在特点（直观总结出的筋骨）
运用个性化的描写
抒发个性化的情感　　　　　　　　　　内在精神（内心感受到的灵魂）

将人物"立"起来

作业布置：

将《我的母亲》片段升格为600字左右的记叙文。

树苗层：有细节描写。

大树层：运用个性化的描写方法。

栋梁层：表达个性化的情感。

教学目标有三个层次，可用"关系、方法和表达"三个关键词概括，层次分明，语言精练，重难点突出。课前准备简洁明了，提供了学习的支架与素材。

教学过程导入部分从回忆去年的活动开始创设情境，激发情感；然后是对比老师自己写的下水文，让学生感知。从时空上、场景上都给了学生思考与感悟。尤其是老师的下水文，体现出了老师的功底，也流露出了自己作为女儿与母亲双重身份的特点与精神。

很巧妙的是潘老师接下来通过展示学生习作设计了三次活动，三次活动都预设了写作支架指导，即完成活动目标的证据。每一次活动作为一次升格，逐步提升复杂度，每一次升格都提出了具体要求，力争接近教学目标，直到升格自己的作品。

而作业布置也很有趣味，对课堂再升格，升格至600字左右的文章，且分为"树苗层、大树层、栋梁层"三个层次，各有简洁明了的要求标准。

从这个教学设计看，结构逻辑性强，与师生生活相关联，目标、内容、活动、评价、课内外有机融为一体，看似字数不多，但内涵思想与策略方式丰富，力图将所写之人立起来。下面再通过部分情境实录仔细探究一下这个案例。

二、教学片段情境实录赏析

下面我还原活动二部分的教学实录，大家再进一步感受其中师生对话的情境。

师：我想，通过阅读课本，大家对刚才的写作方法有了更深刻的认识，下面就以咱们班某位同学所写的片段为例进行学习，请打开学案，看看你能不能帮助他，同时也帮助自己对片段进行升格。刘元灏来读吧。

（PPT出示学生习作，习作作者朗读。）

我的母亲是一个手机不离手的人，她好像时时刻刻都带着自己的手机。不论在外面还是在家里，就连去上卫生间都不会忘掉手机……

我的母亲是一位助产士。那天晚上，外面的寒风比前一日稍缓些。突然，我看到我的母亲拿着手机，急急忙忙地从卧室走出来，她还穿着睡裤，身上披着羽绒服。电话的那边是一位年轻女子焦急与无助的声音，我母亲在电话这头一直安慰着她。她边说着边穿着衣服。我很好奇，心想发生了什么大事要在半夜叫母亲出去。我走出房间看着母亲。挂断电话，她只是说："你爸爸在楼下等我，我要去趟医院。单位有一个产妇出了点儿问题。"她拿上钥匙，光脚穿上了鞋就急急忙忙地出了门，还没等我提醒她此时只穿着一条睡裤。

看着钟表时针已指向11点，窗外仍然呼啸着寒风。我已经习惯了，在我母亲眼中，无论是医院还是病人，都可以排在她自己的前面，只要手机一响她定会以最快的速度赶去医院，哪怕自己只穿了一条睡裤。凌晨到家，我母亲只是洗漱后就沉沉地睡了下去，而她的枕边依然放着那部永远不会静音的手机，也只有我知道这部不会静音的手机背后所隐藏的责任和担当。

（学生鼓掌。）

师：他这个片段有很好的一点，是把小人物放到了大背景当中，放到了一个具体的实例当中。现在你打开学案，来看第一个表格。（PPT 出示）

活动二：抓住典型细节凸显人物精神。

写作支架指导：把人物放在具体环境或事件中。

写作对象	环境	事件	外在表现（语言、外貌、行为等）	外在特点	性格/气质
刘元灏的母亲					

师：刘元灏同学他把母亲这个人物放在了怎样的环境事件当中？又有怎样的外在描写？可以看出他的母亲有怎样的外在特点和怎样的内在气质性格？来填写表格。其中外在表现部分可以直接画在文中。

（学生圈画填写，大约 3 分钟。）

师：好，谁来分享一下？

生：环境：应该是在一个寒冷的冬夜。事件：母亲接到电话去医院。外在特点：可以看出她是一个责任心极强的人。

师：外在特点：语言、外貌、行为。

生：哦。第二段第二行："我的母亲拿着手机，急急忙忙地从卧室走出来，她还穿着睡裤，身上披着羽绒服。"后面倒数第四行："挂断电话，她只是说：'你爸爸在楼下等我，我要去趟医院。单位有一个产妇出了点儿问题。'"这是语言描写，前面是外貌描写。可以看出她可能刚刚睡下，但是接到这个电话，就迅速赶往医院。可以看出她的外在特点是一个责任心极强的人。

师：可以看出她是一个责任心极强的人。刘元灏在第一段的时候就已经写出了他母亲的一个外在特点，是什么？

第四章　长于驭"术"优"艺"　157

生：(齐)手机不离手。

师：手机不离手的人。

生：她的气质性格，我觉得是舍己为人，舍小家为大家。

师：很好，可以看出是一位舍己为人、爱岗敬业的母亲。其实刘元灏已经很有意识地在用一些细节描写来把他的母亲这个人物形象给立起来。既有外在的特点，又有内在精神的凸显。(板书：外在特点，内在精神)我们是否可以帮助他让这个人物形象更加凸显？首先是第一次升格。(PPT出示)

第一次升格：

要求：为写出"母亲在平凡岗位上爱岗敬业"的精神，选择一个点给语段增加一两句合乎情理的细节描写，突出母亲的精神。(请在原文添加)比如：母亲如何急匆匆，母亲如何安慰产妇，母亲回家后如何疲惫等。

(学生写，教师巡视。3分钟。)

师：同学们写得很认真。谁来分享一下？

生：她安慰电话那头的人说："别着急，我马上就到了。"

师：她给了产妇很大的安慰，好！其他细节呢？

生：我写的是她回家后如何疲惫。等她到家已是凌晨，她拍拍门来到我的房间看我是否入睡，然后才揉揉红肿的眼睛，理理凌乱的头发，回去补觉。我想写的是虽然工作很忙，她也没忘记自己的孩子。

师：非常好。她也是一位慈母。在看大家写的时候，我也进行了准备，我比你们多了十几年的生活阅历，我才能写出来，增加了这么一点点细节。比如可以写刘元灏的妈妈"三步并两步地从卧室走出来"。如何来写她的安慰？比如说："现在这个程度的阵痛是正常现象，别担心，我马上就到。"体现出她的专业，也体现出她对产妇的安慰。"母亲揉揉发酸的胳膊，仔细消完毒，简单洗漱后就沉沉地睡了下去。早晨睁开眼，她喜笑颜开：'我们产房又迎来了一对双胞胎。'"她很累，但是她还在为别人开心。所以说，我们这个方式是通过什么来让这个人物更加立体呢？

生：(齐)细节描写。

（师板书：细节描写。）

师：那么在运用了细节描写之后，我们再来有意识地运用写作方法，展现人物精神。看学案。

……

从课堂实录的文字看，似乎整个过程很顺利，也很精彩，但是基于我现场的观察，仍然没有摆脱引导学生完成预设目的的现象，老师主动地按照自己设计的活动运行，学生被动地按照老师的要求前行。我观察到在填写表格时，有不少同学没有完成，而老师在巡视时，好像也没能观察到每一个学生的完成情况，时间一到便让学生进行分享，感觉目的就是顺利完成表格，而不是针对暴露出的问题进一步引导学生思考学习并完善自己的表格。

接下来还是老师引导，学生回答，老师一个人面对所有学生，一问一答或一问群答，看似顺利的课堂，却剥夺了不少学生的思考机会与表达欲望，生成的观念没有机会在课堂上展现。学习方式的单一性，让一部分学生丧失了学习的机会，只是被动地接受。课堂上是有认知铺垫，但是没有实现学习的赋权。虽然创造条件让学生充分地展示，但是并没有真正了解学习进展。课堂上的问题呈现也是一种学习，教学太顺利了不是真实的学习，学生未能在课堂上主动学习。在学科教学中需要及时诊断与针对性指导，引导学生认识学科学习特点，重视学习方法的指导，关注学习体验与学习品质的培养，满足不同层次学生的学习需求。

潘老师是一名刚毕业才两年的新教师，她的教学设计可以说是很完善了，但是缺乏的是对教学技巧的把控。这里我特意提出一个技巧，也是这节课所最缺乏的，即教师主动追踪学生进度，及时发现问题。在课堂上观察学生活动是最常见的行为，但是要精准地跟踪并了解学生们的学习在哪方面出了问题，就不是那么容易了。

根据《像冠军一样教学》一书的观点，给潘老师提出如下建议：在布置好让学生填写表格后，就应该立即把精力投入到观察所有的学生上，从学生那里收集有用的数据。在观察的过程中，可以随机指导个别学生的问题，以免他进一步犯错误，从小错误发展成大错误，同时注意记录下有哪些学生全做对了，哪些学生还没有做完，哪些学生哪个地方没填对，需要提问谁，提问他的原因和因此值得进一步讨论的问题。记录数据时，可以在学生的学案上单独标记，也可以记录在自己的教案本上（当然也可以凭借记忆），还可以以小组为单位，分别找到典型的问题请小组长帮助记录。多花点时间进行观察，在一个更宏观的层面上进行分析，然后才能在合适的时间对班级的学生进行恰当的反馈，才能明确哪些内容、环节该舍掉，哪些内容和环节该继续，甚至是添加。

三、教学过程问题反思与改进

潘老师这节课之所以从学生层面没体现出满意的效果，一是因为教师太想把自己设计的相对完美的内容都交付给学生，认为通过好的设计就可以有好的教学效果；二是教师缺乏"以学定教"的教学观念与技巧，导致课堂上教师主导学生学习为主要互动方式；三是缺乏课堂现场对学生学习状态、暴露的问题、生成的观念、表现的欲望等信息的观察、收集与运用。

我在为潘老师点评时提出了以下三个方面的问题：一是关注课堂设计与课堂生成的关系，如何让好的设计在课堂中自然生长？课堂不仅关注教学设计的实施，更要关注学生的学，让不同层次的学生在课堂中成长进步。教师往往为了好的设计会打断学生，往下赶，那就破坏了课堂生成。二是关注师生对话与生生对话的关系，如何更有机地引导学生发生碰撞？目前呈现的学习方式就是提问—群答和提问—指名回答，比较单调，可以增加同伴交流、小组讨论。三是关注课堂中"舍"与"得"的关系，容量过大、结构完整，过于追求完美，怎么"舍"？教师下水文与三次升格的关系是怎样的？三篇课文片段的使用价值怎么定位？

潘老师在自己的反思中写道："告诉学生不如引导学生，引导学生不如启发学生。通过朗读课文来回顾写作方法，学生是被动的。假如引导学生自主回顾梳理第一单元的写作方法，就可以激发学生充分利用教材回顾、思考学习过的写作方法，将思维含量较低的朗读转化为思维含量较高的概括、归纳，学生将变被动接受者为主动思考者。我给学生提供了层层推进的三个修改环节，但静静读、细细思、默默写的时间都不充分，看似全都顾及，实则浮在表面，没有深入。假如修改为就某一个点，例如细节描写，将学生的多篇习作进行整合、比较，放在一起，继续给学生充分的时间和空间进行修改升格，将问题类型化，启发学生利用支架进行修改，再通过小组合作的方式，激发学生共同寻找问题，共同探寻解决的办法，就可以促进生生之间相互学习、相互启发，增强学生写作的自信心。在一个写作支架上下足功夫，学生收获的将是该写作方法的无限深入学习，从而真正将写作方法落到实处；再通过序列化课程将写作方法系统化，学生收获的将是循序渐进而又实实在在的写作教程。"

在启发学生生生对话之后，引导学生依据评价量表修改升格，在修改升格后再设计问题，进一步激发学生去研究评价量表，再提示，再评价，循环往复，是学生实现自我成长的过程。教师与学生共写作，放在同一平台上，不是用教师的文章评判学生的文章，而是用教师的文章引领学生，和学生共成长同进步，进一步激发学生写作的兴趣，增强学生写作的自信心，甚至是与教师一比高下的决心，恐怕是下水文更应该发挥作用之处。因此，下水文的作用不仅是启发学生，而更应该是成就学生，不为写作设上限，激发学生的写作潜能，在写作中成就学生。

写作教学是创新性的工作，每一次遇到的学生的文本、写作问题都不一样，需要教师不断调整；写作教学是落地性的工作，每一种写作方法都应该切切实实落实到作文写作与修改升格中；写作教学是综合性的工作，需要合理利用教材，以读促写，全方位调动学生的学科知识与情感态度，从而更好地提升学生的语文学科素养。在未来的教学中，与学生共成长、同进步。

学识和人格是吸引学生的本源

我讲王晓燕老师的一个故事：育英毕业生集体签名，为王晓燕老师颁发了"全宇宙最优秀的老师"奖牌。

这一赞誉如何得来？一天，王晓燕老师邀请我去听她的课，我一下子找到了答案：王晓燕老师具有"以诗解诗"的本领！用经典解读经典：课堂上，王老师用不同诗人的诗解读教材上陶渊明的诗《饮酒》，流淌出来的诗词，如行云流水，信手拈来，课堂成了诗词大会，王老师成了一部鲜活的经典。我汇总了下王老师解读陶渊明《饮酒》诗所涉及的古诗文，不仅让我感到震撼，更让我由衷地替王老师的学生感到幸运。

一是陶渊明在诗史上的地位：

1. "自曹刘鲍谢李杜诸人，皆莫及也。"——苏轼

2. "屈子之后，文学上之雄者，渊明其尤也。"——王国维

3. "渊明在中国诗人中的地位是很崇高的。可以和他比拟的，前只有屈原，后只有杜甫。"——朱光潜

4. "有疑陶渊明诗篇篇有酒，吾观其意不在酒，亦寄酒为迹者也。"——萧统

二是解读涉及的古诗文：

1. 陶渊明自身的经历以及战乱中的生灵涂炭，让他深受震撼，引发了诗人对生死、穷达、衰荣等人生问题的深刻思考。

死去何所知，称心固为好。——《饮酒·十一》

若不委穷达，素抱深可惜。——《饮酒·十五》

衰荣无定在，彼此更共之。——《饮酒·其一》

2.《饮酒》序：

余闲居寡欢，兼比夜已长，偶有名酒，无夕不饮。顾影独尽，忽焉复醉。既醉之后，辄题数句自娱。纸墨遂多，辞无诠次。聊命故人书之，以为欢笑尔。

3. 性嗜酒，家贫不能常得。亲旧知其如此，或置酒而招之；造饮辄尽，期在必醉。既醉而退，曾不吝情去留。——《五柳先生传》

4.《归园田居·其一》里描写的农村生活景象，实际上很普通，也很常见，在作者笔下为什么那么美？

少无适俗韵，性本爱丘山。误落尘网中，一去三十年。
羁鸟恋旧林，池鱼思故渊。开荒南野际，守拙归园田。
方宅十余亩，草屋八九间。榆柳荫后檐，桃李罗堂前。
暧暧远人村，依依墟里烟。狗吠深巷中，鸡鸣桑树颠。
户庭无尘杂，虚室有余闲。久在樊笼里，复得返自然。

5. 种豆南山下，草盛豆苗稀。——《归园田居·其三》

6. 三径就荒，松菊犹存。携幼入室，有酒盈樽。——《归去来兮辞》

7. 故士穷不失义，达不离道。穷不失义，故士得己焉；达不离道，故民不失望焉。古之人，得志，泽加于民；不得志，修身见于世。穷则独善其身，达则兼济天下。——《孟子·尽心上》

目前，退休后返聘仍然战斗在课堂上的王晓燕老师，经常晨跑一万米，并每天坚持背诵唐诗宋词。每天早晨总是看到王晓燕老师坐在讲台前，旁边放着一本被翻旧的《唐诗宋词词典》。走近她的办公桌，我看到她面前摆放的书籍是：《老子今注今译》《笑谈大先生》《庄子哲学讲记》《诗经》《周易》《说文解字》《中庸全鉴》《论语别裁》《苏东坡传》《泰戈尔诗选》《蒋勋说唐诗》等。看着她春风般的笑容，感受她严谨治学的态度，我从内心里不由自主地想称王晓燕老师为"大先生"。

靠读书修行，靠读书成为"为学、为事、为人"的榜样，靠读书成为众人的引路人。这种真正的读书人，不愧为"全宇宙最优秀的教师"，是新时代的"大先生"。

读到全国著名特级教师凌宗伟的一篇阅读心得，文中有下面的观点，我认为是对王晓燕老师优秀表现的解读。

关于课程的有效实施，十分认同迈克尔·林辛《教师精力管理：让教师高效教学，学生自主学习》一书提出的这个观点："老师才是关键！"教师的教学热情、研究精神，尤其是他的个性特点、人格魅力，以及他吸引学生注意力的本事，这些才是保证教学效果的关键。

迈克尔·林辛认为："不管你教的是18世纪文学、美国革命、几何学，还是其他课程，要实现你的梦想，成为一名深受学生热爱、可以激励学生的老师，你就必须成为那门课程的专家。不管是站着还是坐着，你只有靠满腹学识，才能给学生讲授鲜为人知的历史知识、时代背景和奇闻逸事，才能让你教的课程活起来。"

"掌握了某个学科的渊博知识，你就有源源不竭的方法，为课堂增添色彩，营造更活泼的氛围，给学生讲清知识的来龙去脉。如果你能够告诉学生故事发生的背景，揭开戏剧性的一幕，让学生身临其境，仿佛他们也骑着借来的马，深夜向列克星敦奔驰，那么他们阅读《保罗·雷维尔的奔骑》时，一定会有全然不同的理解和感受。渊博的学科知识就是秘诀所在，掌握这个秘诀，你在讲课的时候就能够从细节入手，让学生沉醉不能自拔，这就是卓越的教学。同时，你也可以放心大胆地做自己想做的事情，这些事乍看貌似鲁莽，却可以让你获得迷人的个人魅力。"

教学活动是个性化很强的一种智力活动，虽然教学研究与设计需要依赖集体的智慧，说得直白一点就是很多人强调的以集体备课得到统一的或者是基本的教学思路，但具体的操作，靠的一定是那个具体的个人。操作的成效，在很大程度上取决于这个人的学科教学理解，尤其是他的学科知识的丰富程度，如果他还能有更多的与本学科相关的知识可以信手拈来，那就完全有可能将课上好。一个教师如果对自己所教学科的内容没有全面系统深入的研究，无论接受了多少层面的、多少轮次的培训，无论是线下的，还是线上的培训，都是不可能把课上好的。学校管理者更多地应该将精力放在调动教师的工作热情上，鼓励教师饱览群书，丰富学识。

王晓燕老师做到了，如此才有了王老师在课堂上讲到与学生和文本情感共鸣处会热泪盈眶，在与我交流她热爱的教学时会眼含泪水，也才有了王老师退而不休的教育情怀。当毕业班的一个老师因身体原因不能上课，与王老师商量是否可以再带一个班时，王老师毫不犹豫地说没有问题。我看到她更加忙碌的身影，问她："累吧？"王老师总是微笑着回答："不累，很快乐。"王老师是把她的工作、生活、生命融为一体了，她将她的学习热情、研究精神、个性人格化为学生的自觉，她是为了一个伟大的教育使命而站立在讲台上的。

　　这样的老师，一定是一位学生喜欢的老师，被学生喜欢的前提是正直的品德，是以身示范的勇气。她一定是一位能读懂学生的老师，她能读懂学生的学习兴趣、个体差异、情感需求、心灵感应。她一定是一位能读懂时代的老师，她懂得时代需要什么样的人，什么样的人能适应未来社会，懂得根据时代变化调整教育的理念和教学的方法。她一定是一位能读懂教材的老师，大量地阅读与研究，让她懂得教材的价值体系与素养要求，懂得不断挖掘其中的新意。这样的老师所接触的知识面一定是广泛的、综合的、情境的、深刻的，她的知识自然是结构化的、联系化的、实践化的、创造化的。这样的老师才能落实好课程标准的要求，是立德树人根本任务落地的宝贵资源。

"严与爱"是管理艺术的基石

9月23日上午，我连续听了八年级丁日旭老师和九年级左民老师的数学课，从两位老师的教学风格看，有异曲同工之妙，均凸显一名有实力的老数学教师的风骨。

首先看看丁老师的课，是一堂练习课。上课开始，学生限时做练习。时间一到，丁老师就立即安排各排的小组长收交课堂练习纸。这里最值得称道的是，小组长迅速一个个地收齐，其他学生却很安静。此时，丁老师开始了她的授课。这体现了丁老师的课堂效率意识，以及高超的课堂管理技巧。刻意训练法应该是丁老师长期坚持的教学方法。

这堂课接下来的几个学习活动，均体现了这种风格，不让课堂的一分钟浪费掉，限时、立即做、全体同学都抬起头、学生讲解、教师点拨。一事一议，事事落地，做得干净利落。丁老师还有一个显著的课堂调控特点：不管她是在讲解、在教室内巡视，还是回头板书画图，她都能随时提醒全体学生要专注听、主动讲、认真记。"抬起头""坐端正了""讲得不错""提醒你两遍了"，这种不断调整学生状态，边观察边评价学生的习惯，让每个学生不逃离当下的学习情境和思维氛围，学生随时得到激励和提醒，依据教学的活动拾级而上。我认为这是丁老师多年形成的自觉行为。在丁老师的课堂上，没有学生可以随意留神，可以放松，可以不思考，可以不立即行动，因为丁老师随时会看到他，随时会知道他在做什么，做到什么程度。据调研，丁老师的学生都喜欢她的课，我想这种不放弃每一个学生的精神是一种爱心，是对每一名学生的尊重和责任，这种无私的情怀和公平的爱，学生是能感知到的。看似严其实是爱，于是就出现了彼此尊重的课堂，彼此关怀的课堂。

再说说左民老师的课，课题是北师大版数学九年级下册《直线和圆的位置关系》。左老师的课同样具有"严中有爱"的管理功效，不怒自威的形象与气质让左老师的课堂有序高效。学生接到任务后会自觉地立即行动，要么认真倾听，要么认真记笔记，并且听写协调一致，互不干扰。再看看左老师，发出指令，回头在黑板上画图，管理调控学生，样样不耽误，且达到师生互动、行为衔接紧密配合，在这种环境里，时间被运用到极致，有些事情是同时进行的。

我在评课时说：师生同频、同速、同步，怎么才能做到呢？我发现了一个秘密，学生说过程结论，老师规范板书，这样，其他同学就有机会思考，同时记录，无意中留给学生时间了。如果老师懒怠一些，没有去板书，而是着急于加快进程或提出结论，学生思考做事的时间就不好把握了。这与左老师规范完整的板书设计有很大的关系。左老师不怕麻烦和辛苦，充分利用黑板空间书写、画图，合理运用板书设计作为师生教与学的支架。我说的左老师不怕麻烦和辛苦，还指的是左老师会把课本甚至是练习册上的图还原在黑板上，方便学生更直观地观察分析，他再进行精讲点拨。

如此认真板书的老师并不多见，多数老师更喜欢用PPT或现成的练习册。这让我想到了一个概念，即教材的"师本化"。左老师开课让学生到黑板上画出海平面太阳升起的变化图创设情境，然后提出问题与任务。学生在上面画，其他学生在下面画，左老师逐一观察每个学生，引导学生认识"切线和割线"，比较"相离、相切和相交"的位置关系。这个过程的内容源于教材，难能可贵的是，左老师把教材内容经过创造性改造，让学生完全不依赖教材而更加专注于现场的情境与思维场，这样学生的思维会更加流畅、敏捷，便于想象力的发挥，形成分析、比较、归纳的能力。但是，左老师没忘了教材，在适当时机，让学生打开课本，阅读上面的内容，要求学生看完后如有问题就提出来。

左老师做得更精彩的地方，也是我最认可的地方，就是把练习册上的两道关于切线的练习题还原到黑板上，同样通过在黑板上画图，学生讲解，教师点拨的方式进行。在评课时我问左老师："我在听其他老师的课的时候，多数老师会直接让学生在练习册上书写完成做题的过程，你为什么不嫌麻烦，又把练习册上的图在黑板上画了一遍？"左老师说："教材这个地方缺乏关于概念的例题，就直接过渡到下一个概念，按学生的认知规律，很难理解透概念的含义，这就给学生做这方面的练习题带来了困难。因此，我在认真研究练习册上练习题的基础上，觉得可以把上面的这两个题目拿到课堂上来进行精心处理，弥补教材的缺陷。"左老师叫起学生说出解题过程，要求学生表达要准确严谨、步骤要全，而左老师耐心地把学生说的过程板书到黑板上，其他学生则认真听，认真把过程写在笔记本上。

以上就是我对丁老师和左老师两位有经验的老教师课堂的记录与评述，看似平常，却显露出两位数学教师的功底，是我30年前曾遇到的那时数学老师的样子，"严与爱"都是他们的特点，是他们多年课堂教学实践积淀的教育艺术。他们的"严"是就事论事的严，他们的"爱"是不动声色的爱。

两位老师见功底的课堂管理非常结实，数学味十足，学生会自觉地努力，喜欢上思维碰撞、做题解题的乐趣，很有可能从此爱上数学，甚至以后会以此专业实现自己的人生梦想。当然，如果两位老师再注意多走下讲台，在学生中多转转，多观察，课堂氛围和效果会更好些。

追求教学美与平衡的和谐统一

李英波老师是一位工作30多年的老数学教师,还有两年退休。从日常的交往情形看,李老师是一位很和气的老师,每天的笑容都挂在脸上。当早晨走进李老师所在年级的时候,我都能遇到她不是在班里耐心地答疑,就是在办公室里安静地备课、批阅作业。

伴随着师生的相互问好,李老师很简洁地说了句"抬头,拿出笔记本",课就这样开始了。我观察学生,发现每个学生都自觉地迅速拿出笔记本,抬起头。就这么简单吗?我好奇地听下去。

"什么叫平移?"李老师列举了一系列与日常生活有关的案例,如飞机在天空中飞行、汽车在马路上行驶、滑梯上滑行的小孩、开门开窗、买药时医院用的传送带等。尤其是李老师说起自己的小孙女玩滑梯的故事,小孙女把自己的玩具、鞋子等物品都派上用场拿到了滑梯上玩,我看到李老师幸福的微笑,发现他的学生们也沉浸在享受之中,感受到他们老师的幸福生活,以及对孩子和生活的热爱。

接下来,李老师通过电子白板又展示了多组关于平移的图案,并请学生回答问题。通过问题引入,引出平移的定义、特征。这个环节最令我感到赏心悦目的是,李老师选择的图案很有美感,我可以感觉到李老师是精心选择的,也许这正是李老师教学思想的一部分,让学生在数学课上感受数学图形的美,以此吸引学生对数学学科的兴趣,熏染学生的数学学科素养。在展示的过程中,李老师的语言也很有特色,音质柔和、用词简洁、语言有节奏感,且循循善诱。

在这种氛围中，下一个问题"平移方向一定是水平的吗"自然抛出。李老师让学生想一想平移的两要素和特征。李老师让学生举几个身边的例子，自己再补充列举，我对此处的评价是"只有顺其自然，才能驾驭自然"，因为学生一直在跟着教师的思路走，都在认真地倾听并记笔记，没有游离于课堂之外，这是一种什么样的力量呢？没感觉到李老师刻意的课堂管理啊！我觉得应该是李老师在基于学情、顺其思维来决定自己教的行为。

李老师此时展示练习：下图中的变换属于平移的有哪些？我仍然惊叹于李老师关于图案的精心选择，除去美观之外，图案的复杂程度加深，观察难度增加，从静态到动态。练习完成后，李老师就请学生到黑板上示范画出平移，让学生说出想法，总结结论，课堂就这样温暖地、和煦地运行下去，一切显得那么有分寸感。李老师不是在用教材教教材，而是把自己的人格、生活和情知自觉化为教育的艺术。这也是李老师的教学思想的一部分。

此时，我离开座位，走近观察学生，发现学生的笔记记录都很规范，每个学生的思维一直很活跃。这堂课很清晰有序，作为数学外行的自己，已然听得很明白，学得很清楚。这是一堂有温度的、有情感的、有生活的、有积淀的简洁课堂。

当然，这些评价可能李老师本身还体会不到。大多数默默工作多年的教师都如此，躬身实践是他们奋斗的真实写照，关于自己多年教学实践背后的理由或主张便无暇思考和提炼。还是用学生对李老师课堂教学的评价作为本文的总结吧，或许学生的感觉会更真实，更能体现李老师的教学风格与教育情怀。

- 我的数学老师李英波是一名师德高尚，教学水平高超，充满爱心又善于发现美的老师。无论你是否善于学习数学，都能从她的课堂上感受到数学这门学科的魅力。
- 李老师的教学非常贴近生活。如在关于平行线的教学中，她会从作业中选出较好的图为大家进行示范，这让同学们感觉非常真实，而没被选中的同学也可以对比自己的作业了解一下好或者不好。这比用一张标准的印刷图更能令人印象深刻。

- 李老师乐于使用示范而不是说教。如在讲解如何使用直尺和三角板画出两条平行线时，她会亲自带领大家和她一起进行作图，这比单纯讲解作图要领更加容易让人明白。
- 李老师的PPT也是精心准备的，中间插入了很多动态图，这些动态图更能让大家准确理解课本中文字所描述的抽象概念。
- 李老师的作业布置得很少，但是要求大家认真完成，尽量做到举一反三。
- 李老师的板书不仅一丝不苟，而且文图并茂，特别富于美感。
- 李老师中午有时去打乒乓球，我曾经看到过她与球友过招，她身手敏捷，就像一名年轻老师。她总是在办公室里摆放着绿植。秋季银杏叶金黄铺地的时候，她和我们一起去拍照，照片里总有她的笑容。
- 在她的课堂上我不仅学到了知识，还学到了方法和技巧，在她的课堂之外我学到了美与平衡。这些都是数学这门学科本身所蕴藏的内涵。

当学生交给我评价李老师的文字时，我顿时感觉学生的评价比我的更清晰、真实，对李老师数学课的风格评述，内含深深的敬爱。我选择了学生文中的一个词"美与平衡"作为本文的标题，我想，对李英波老师本人、她的数学课堂、她的生活与人生，都是再准确不过的诠释了。

让风格成为课堂的独特标志

我曾经写过一篇文章,题目是《教师的知识算不算"知识"》,里面有如下观点:教师是有知识的,尤其是他的课堂教学知识,是无穷无尽、美妙动人的,这一点我们谁也不能怀疑。这就是说,我们要敬畏教师的教学思想,精心呵护他们的表达;尊重他们的教学个性,容纳他们的个性缺陷。

李霞老师在 2011 年 2 月 25 日的《中国教育报》上撰文诠释教学风格。她认为,教学风格是教师在教学过程中自然表现出来的一种稳定的个性教学风貌,也是一个教师趋向成熟的标志。它体现了一个教师独特的审美情趣、思想倾向、思维方式乃至气质、性格、能力、修养等众多的个性因素。

作为学校管理者,应引导教师充分认识、把握自身的个性特征,并按照教学目的和审美要求,把它一以贯之地运用于教学实践,使其努力形成一种独特而稳定的表现,呈现出浓厚的个性色彩,散发出诱人的魅力。

教师这个职业是一个不成熟的职业。教师的教育教学,有着非常强烈的个人色彩,教师进入教室,便是他个性的天地。追求风格,就意味着教师能把个人的自身认同融入工作,把自身的智能、情感、精神、意志等与学生和教学建立联系,这就是完整自身的过程。有了风格,就能分辨哪些是适合自己的,哪些是不适合自己的,教师感觉到不满足其实就是完整自身的过程和需求导致的。

让教学风格成为课堂的独特标志,就是呼唤教师去寻找一种与自我本性更加契合的教学方法,让其教学方式与自身达成一致。同时,也是为了寻求教师教学与学生生命相联系的真谛,如此才会真正发生教学,产生一种深刻影响学生心灵的力量。

有一天，我走进七年级语文教师张健美的课堂，张老师正站在讲台上与她的学生进行着各种对话交流，迎面扑来的就是张老师独特且鲜明的教学风格。

由于当时我没能完整地听全张老师的课，只是感受了她课堂后半截十几分钟的授课场景，于是我委托班里的一位女同学写写自己语文老师的课堂教学风格，这位女同学欣然同意了。第二天早晨我去其班级巡视时，她交给了我撰写的文章。我认真阅读了一遍，感觉这位同学总结得很精准，比较完整地表达出了自己老师的教学风格。原文如下：

一是张老师的教学风格十分明显。讲课的时候情绪饱满，把对科学文化的热爱和追求融于对我们的关爱和期望之中，讲到动情处，往往情绪会十分高涨，慷慨激昂，扣人心弦，撼人心灵，使我们产生强烈的情感共鸣，共同营造出一种渴求知识、探索真理的热烈气氛。我们在张老师的引导下，所获得的不仅仅是知识，还包括人格、情感的陶冶价值。

张老师在课堂上会运用一些生动形象的比喻，这些比喻犹如画龙点睛，给我们开启智慧之门；会运用一种恰如其分的幽默，引起大家对课堂的热爱和更多的敬重。听张老师的课如饮一杯清新的甘泉，给人以回味的留恋；哲人的警句、文化的箴言不时穿插于讲述中，给我们以启迪和警醒。

二是张老师每一节课的教学特点十分明确。通过文章体裁以及文章中的关键字、词语等设计不一样的板书，对我们梳理文章脉络、体味人物起着很重要的指引作用，同时每次还都能使我们眼前一亮。张老师的板书设计是每一节课的教学亮点，我们受益很深。

张老师的教学结构十分清晰，一步一步地带着大家探索课文中的奥秘。张老师提倡"上课即思考，思考须提笔"的观点。同时会在课堂上让我们随机生成一些小的片段，这很锻炼同学们的现场应变能力，更能提高我们课堂动手写东西的能力。语文课堂往往是比较枯燥的，但是张老师的课堂都是在期待中开始，在快乐和更多的收获中结束。

三是张老师的作业布置也十分新颖。分层作业也是我们班语文学习的一大特点，张老师总是会把作业分层设计，可以让大家自由选择作业难度。张老师还会灵活并且巧妙地把课上所学变成作业，让所有人都没有负担地完成不同的语文作业。

我向张老师要了她的教学课件，下面是其中两张PPT截图和她设计布置的分层作业，再对照学生的评价，显然是真实匹配的。

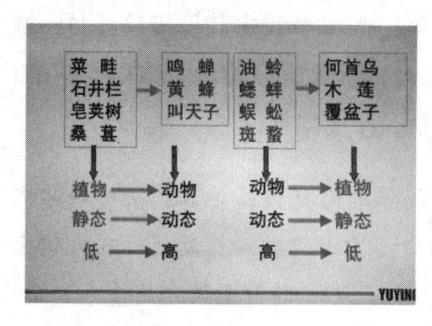

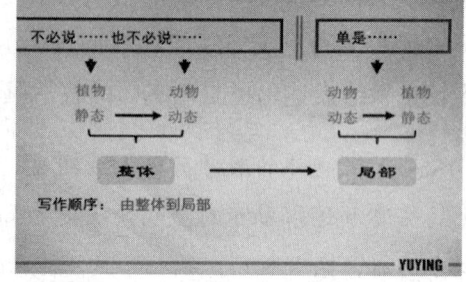

作业布置：

A层：幼时记趣——记一件自己童年时期有意义的事情，不少于300字。

B层：仿照课文第二段文字，描写一处景物，用上"不必说……也不必说……单是……"这个句式。要求：注意合理安排描写的顺序，运用多种描写方法，不少于200字。

曾经研读帕克·帕尔默所著《教学勇气》一书，书中有这样的观点："真正好的教学不能降低到技术层面，而是来自教师的自身认同与自身完整。好教师都有一种共同的特质：一种把他们个人的自身认同融入工作的强烈意识。"

我想，张老师个人教学风格中的激情、幽默、唤醒，其课堂流程、板书设计的结构化，以及与课堂教学密切关联的分层作业设计等，都彰显了上面所说的好教师的共同特质。

每天早晨不管什么时候去教室观察，张老师都在我之前到教室了，她的学生都安安静静地做着自己的事情，且坐姿端正，精神抖擞。我想，学生的表现正体现了张健美老师教学风格的长期影响与感染。

看似表面激情四射的教师，更需要有勇气保持心灵的解放，即使力不从心仍然要坚持！那样，教师、学生和学科才能被自然地编织到学习和生活所需要的共同体结构中，使自己始终感觉到一种自我完整与满足感。

我有个希望：张老师把自己睿智的思想、鲜活的个性、多年的实践成果进行梳理与提炼，催生自己的教学个性化为风格，乃至转化成自己的教学主张，甚至有自己的学术表达。再来反观、审视、解释自己生动丰富的教学现象，形成一个思维逻辑的循环，从而能够在重复出现的问题中，在本质性普遍原理中，发现新问题，解决新问题，让自己成为有思想、有理性的教育行动者和教学的创新者。

第五章

明于尊"律"寻"理"

导语

21世纪培养中小学生问题解决能力的重要性已成为国际趋势，提高问题解决能力为学生日后参与社会生活和终身学习奠定重要基础。而这一能力绝非某一单一学科的单项能力，而是一种基于学生整体素养的综合能力。

好的教育是尊重每一个学生的教育，应当把选择权还给学生，人尽其才，而非塑造整齐划一的千人一面。作为教育者，我们需要重新出发，用新理念、新视角去发现孩子的天赋与才能，并选择适合孩子特点的方式进行教育。

古人讲顺势而为，教育也需因势利导。这个势是变化的，但背后也是有规律的，找寻其中的规律并坚持，是教育的根本。学生的成长成才需要时间，需要一个过程，这是由学习科学和人的认知发展规律决定的。我们要尊重教育规律，相信教育科学，学会做时间的朋友，以平常心态，静待瓜熟蒂落、水到渠成，确保内化知识之"思"、参与课堂之"乐"、情感价值之"德"。

教育是时代的产物，只要时代在发展，教育就会不断面临新的挑战，正是因为有无数个像笔者一样的教育者，满怀激情与责任、深入到教育最前沿，打造最朴素、最安全、最美好的课堂，紧跟时代步伐，不断观察与反思，并带着解决问题的方法再回到教育实践中去，我们的教育才在一次次攻坚克难中更加完善而美好。

课改走到深处是问题的探寻

我认为，进行课堂改革，追求高质量的课堂，只是单纯地把现成的理念交给教师，或者是要求教师必须统一某一种教学模式、必须讲解 10 分钟、必须设计几个环节等，都不是研究课堂或操作课堂的关键之处，不是实现课堂整体变革的最佳策略，这些一刀切式的做法其生命力不会长久。而真正的课堂追求应该是关注教师和学生的内在需要，遵循其生命成长的规律，只有顺从课堂发展的规律，才能驾驭课堂。因此，管理者或者是研究者应该虚心倾听来自现场的教师和学生的真实诚恳的声音，才能发现真正的高质量的课堂，这是课堂改革应该走的正确道路。

在教学改革行动中，我从不敢让老师们整齐划一地去实验什么，只是在努力探询老师和学生的课堂到底需要什么，让老师主动去尝试、探索和顿悟，通过自己的努力和反思，最终趟出一条属于自己或团队的课改范式。

聆听了语文教研组主持的课改研究课后，我梳理了执教老师刘艳平和杜阳在课堂中所暴露出的共性问题，现呈现给大家讨论。

总体来说，两位老师都精心做了准备，能够按照学校倡导的"教学评一体化"理念设计课堂教学，课堂上也都尽力探索适合自己学科和自己风格的教学行为，为两位老师的劳动点赞。我从两个方面谈谈自己的看法。

一、关于教学设计的问题

学习单设计稍显粗糙，还不能很好地理解和把握学习单每个环节主题的要领和内涵。

1. 成果目标。还不能很好地把握如何操作基于逆向设计思维的目标设计，目标用语表达局限在课程标准中的词汇字眼上，导致有些学生根本不明白什么意思，缺乏操作性、实用性，没有发现量规指标。为了方便大家的理解，我介绍一下该教研组规定的成果指标的具体设计标准，需要具体体现如下四个维度的要求。

行为主体（谁来学）：是学习者不是教师，如"我能""我们组"等。

行为表现（怎么学/学到什么）：可操作的具体行为，如"写出""列出""解答"等，旨在说明"做什么"。

行为条件（范围条件）：特定限制或范围等，如"根据参考书""按课文内容""不用笔算"等，旨在说明"在什么条件下做"。

表现程度（学到什么程度）：如"没有语法或拼写错误""90%正确""30分钟内完成"，旨在说明"有多好"。

2. 情境导引。两位老师均设置了源于生活的情境问题，但具体处理不够令人满意，也许是为了赶进度，老师没有采取循循善诱的策略，而是自己代替学生把结论说出来了，没有起到"激发学生兴趣、好奇心，点燃思维，勾连原有知识"等作用。

为了老师今后能够更好地理解和把握情境创设这一教学策略，在此介绍余文森教授的论著《核心素养导向的课堂教学》中关于情境创设的相关观点。

情境应成为学生的思维生发处、知识形成处、能力成长处、情感涵育处，创设情境就是构建课程知识内容与学生的生活、经验、情感、生命相接的过程，为此，情境的创设要体现以下特征和要求。

一是基于生活。为此，创设教学情境，第一，要注重联系学生的现实生活，在学生鲜活的日常生活中发现、挖掘情境资源，只有在生活化的学习情境中，学生才能切实弄明白知识的价值。第二，要挖掘和利用学生的经验。学生原有的经验和知识是教学的起点。

二是注重形象性。强调情境创设的形象性，其实质是要解决形象思维与抽象思维、感性认识与理性认识的关系。为此，我们创设的教学情境首先应该是感性的、可见的、摸得着的，它能有效地丰富学生的感性认识，并促进感性认识向理性认识的转化和升华；其次应该是形象的、具体的，它能有效地刺激和激发学生的想象和联想，使学生能够超越个人狭隘的经验范围和时空限制，获得更多的知识，并促进形象思维与抽象思维的互动发展。

三是体现学科特点。情境创设要体现学科特色，紧扣教学内容，凸显学习重点，便于学生用学科思维与话语思考和表达。即使有跨学科的观念、思维和策略，也要聚焦本学科的逻辑与认知寻找提炼概念，进行整合融通，不能成了四不像。

四是内含问题。有价值的教学情境一定是内含问题的情境，它能有效地引发学生的思考。情境中的问题要具备目的性、适应性和新颖性。目的性指的是，问题是根据一定的教学目标提出来的，目标是设问的方向、依据，也是问题的价值所在；适应性指的是，问题的难易程度要适合全班学生的实际水平，以保证大多数学生在课堂上都处于思考状态；新颖性指的是，问题的设计和表述具有新颖性、奇特性和生动性，能够产生真正吸引学生的力量。

五是融入情感。融入情感的情境才能有效地激发学生的学习动力。第斯多惠认为："教学的艺术不在于传授本领，而在于激励、唤醒和鼓舞。"没有兴奋的情绪就无法激励人，没有主动性就无法唤醒沉睡的人，没有生机勃勃的精神更无法鼓舞人。赞可夫也强调："教学法一旦触及学生的情绪和意志领域，触及学生精神需要，这种教学法就能发挥高度有效的作用。"

关于情境化的具体策略，可以学习运用如下几种方式：通过联系生活创设情境；通过实物创设情境；通过图像创设情境；通过动作创设情境；通过语言创设情境；通过新旧知识和观念的关系创设情境；通过背景知识和场景创设情境；通过问题创设情境；等等。

美国教学设计专家乔纳森认为："情境是利用一个熟悉的参考物，帮助学习者将一个要探究的概念与熟悉的经验联系起来，引导他们利用这些经验来解释、说明、形成自己的科学知识。"总的说来，不论我们采用何种教学情境，都要抓住教学情境的实质和功能，即促进学生有意义的学习。创设情境不仅仅是在课堂导引环节，课堂的其他环节都需要创设真实任务情境，这是新课标提出的要求，更是学生真实学习能够发生的要求。

3. 思维对话。学校有如下倡导：教师用问题引导学生，巧妙设置1~3个有思维含量的主问题，以挑战性的任务或活动，引导学生与文本、生生、师生等对话，逐步达到深度学习状态；利用好现代化信息手段辅助教学；课堂以自主探究为主，学生在自学的基础上，以讨论、交流、竞争、辩论、分工等形式进行学习；学生展示形式灵活多样，小组合作学习；教师要注重走进学生和每个小组，认真倾听、观察、点拨、强化、评价、落实；教师能采用积极、多样化的、个性化的评价方式，恰到好处地评价学生，以促进、激励学生的学习兴趣和自信心，引导学生创新与实践；科学安排课堂练习，练习内容既有现实性、挑战性，又有可接受性；练习的形式和要求具有开放性；练习安排有针对性、层次性，容量适中。

从具体课堂表现看，没有按照先行设计优质问题，然后再设计解决问题的活动这一程序进行教学设计。希望以后在认真解读课程标准的基础上，通过创造性地解读文本，凝练1~3个优质问题，然后设计活动或任务来解决问题。希望大家有创意地进行设计，充分体现"为思维而教"，以及实现"师生、生生、组组、学生与文本"等多元化对话的目的，让思维在对话中真正碰撞起来，以诞生精彩的观念。

4. 拓展迁移。主动挖掘非常规教学内容的学习价值，拓展日常教学内容的边界，给学生提供更加广阔的学习资源与学习选择，在学会学习和解决问题的过程中形成一定的能力与方法；教师有效地发挥支架作用，帮助学生自主合作探究学习，开展充分的学、展、评活动。除去要充分理解以上内涵要求之外，涉及的程序也是先行设计问题，再设计与之匹配的活动任务。

5. 思维建构。建议教师以思维导图的形式先行设计，让学生跟着学习，比如可以在教师的设计的基础上填充完善，等学生熟练学会了，再放手让学生自己设计操作。

6. 反馈评价。希望设计真正能够指向目标的反馈问题，而不是仅仅出几道选择题而已，要精心设计有创意、实效的问题。建议确实针对活动任务，按要求设计并真正应用，发挥过程性评价的真正功能。

现提供刘艳平老师课后进一步修订的课堂学习单，以方便大家结合上面所发现的问题做比较分析，能够进一步设计出更好的帮助学生学习的学习工具。

课题	卖炭翁	姓名	课型	新授	授课时间	5月22日（星期三）
		刘艳平				第1课时（共1课时）
课程标准要求	阅读古代诗歌，在理解的基础上，注重感悟和运用。对诗歌中的感人情境和形象，能说出自己的体验，提高自己的欣赏品位。					
成果目标	1. 能够正确流利、有感情地朗读诗文，并能恰当表达自己的感受。 2. 能分别从外貌、动作、心理描写和对比手法的角度，对人物进行具体分析。 3. 能够体会作者对百姓疾苦的同情。					
要素	问题与活动			规则与评价		
情境导引	回顾课本中出现过的老翁形象，你能用一两个词概括他们的特点吗？			能够用1～2个词语概括特点（4颗星），且能够勇敢表达（5颗星）。给自己评星。 ☆☆☆☆☆		
思维对话	问题一：怎样让朗读充满情感？ 活动1：听录音，感受名家朗读的美。 活动2：模仿录音，练习朗读诗文。（不少于3遍） （小组推荐一名同学展示，声音洪亮，读出情感。） 问题二：文章写了一件什么事？ 活动1：自读诗文及书下注释，了解文章内容。 （小组内两人互讲） 活动2：按文章内容给图片正确排序。（同学竞争展示） 活动3：复述课文内容。（每组推荐一名同学竞争展示，复述时要脱离文本，要复述全事件的六要素。）			1. 能够正确流利地朗读课文（4颗星），且读准节奏、读出情感（5颗星）。给自己评星。 ☆☆☆☆☆ 2. 能够按照课文内容正确排序（4颗星）；能够复述诗文内容（5颗星）。给自己评星。 ☆☆☆☆☆		

续 表

思维对话	问题三：文章运用了什么手法？塑造了怎样的形象？ 活动1：以小组为单位，根据文章内容加以适当想象，设计卖炭翁和宫吏的对话。 活动2：以小组为单位练习表演。 活动3：两个小组竞争表演。 问题四：文章表达了什么主题？ 活动1：借助作者介绍，了解作者的诗歌主张。 活动2：借助背景介绍及补充资料，探究作者要反映怎样的社会现实。	3.能够主动展示（3颗星）；能够主动评价（5颗星）。 组内互相评星。 ☆☆☆☆☆ 4.能够主动表达观点（4颗星）；能够质疑、补充（5颗星）。 组内互相评星。 ☆☆☆☆☆
思维建构	卖炭翁 白居易 人物——→形象——→情感 卖炭翁 → 困苦、生活艰辛 ┐ 宫吏 → 蛮横、仗势欺人 ┘→ 同情批判	能够理清本节课所学（4颗星）；能够创造性地绘制思维建构图（5颗星）。 上交作业后老师评星。 ☆☆☆☆☆ 课上总计获得（　　）颗星
反馈评价	1.写出含下列字词的四字词语。 伐：　　薪： 面：　　鬓： 辙：　　苍苍： 2.写出文中相应的词语或诗句。 状其劳动环境之脏： 写其长期烧炭之劳： 绘其饱经风霜之衰： 诉其生活无着之苦：	能够完成所有题目（4颗星）；能创造性地完成题目（5颗星）。 同学评星。 ☆☆☆☆☆
学教反思	这节语文课的亮点是：充分调动学生参与课堂，学生真正成为学习的主人，打破了一般文言文教学的壁垒，不再以翻译为主，而是文言兼顾。 这节课的不足之处在于：教师可以更大胆些，让学生的活动再充分一些。	

补充资料：

宫市："宫"是皇宫，"市"是"买""采购"的意思。所谓"宫市"是指，皇宫里需要的物品，派宦官（指"太监"）到市场去购买、采购的意思。派出去的宦官，就叫宫使，即皇帝的使者。

本来，为皇宫采购物品是由官吏负责的，但到中唐时期，宦官专权，横行无忌，连这种采购权也被他们夺去了。宦官这种角色以"宫使"的身份到市场上去为皇宫购买物品，还能搞公平交易吗？

所以，所谓"宫市"，实际上是一种公开的掠夺。

二、关于师生互动方式的问题

我发现，两节课老师在与学生互动时，方式都比较单一，多以点名或让学生举手回答问题的方式运行，这样会使一部分学生不愿意或懒得参与学习互动活动，一部分学生独霸了课堂展示的机会，老师没有关注到每一名学生的学习状态和效果，没有分层次组织学习活动，导致课堂学习效果偏低。这也是该教研组教师课堂上普遍存在的问题，也是多数教师课堂上的老大难问题。

再就是要关注学生学习单上的笔头落实任务，要利用小组长进行现场即时批阅评价，以便能及时发现每个学生暴露的问题，再次展开学习活动。老师要养成批阅评价学习单的习惯，不能让学生学会钻空子，影响了学习的主动性与认真程度。

希望以后多探索丰富多彩的互动方式，让每一个学生、每一个小组都有机会参与各种学习活动，让自主探究学习真正落地，让小组合作学习更有效。比如，可以采用抓阄的方式、相同层次学生竞赛的方式等。

当然，这篇文章是对我校语文组推行课改的过程性评估描述，有些问题属于个性化问题，但大多数问题是老生常谈的常规性问题，提供的学习单案例也不是很理想，之所以与大家分享，是在多年的教学改革行动中总有一种感觉：课改没有最好，它永远存在着一些问题，只有更好。并且越深入其中，发现和遇到的问题会越多，需要老师们去学习解决。

我建议大家以这种态度对待课改，会更从容地落实国家课程标准与方案，激发教师自觉转变观念，在课堂改变中实现专业成长，努力向化"教"为"学"的境界迈进，实现课堂提质增效。

真实发生"人与文本"对话

全国知名特级教师张宏伟提出了一个问题：学生在什么情况下学得最好？张宏伟老师列举了十条因素：学生有兴趣时；学生的身心处于最佳状态时；教学内容能够用多种形式呈现时；学生遭遇到理智的挑战时；学生发现知识的个人意义时；学生能自由参与探索与创新时；学生被鼓舞和信任做重要事情时；学生有更高的期许时；学生能够学以致用时；学生对教师充满信任和热爱时。

是否拥有以上十条因素可以说决定了课堂学习的质量是否达到令人满意的状态。如果一名教师想在自己的课堂上实现这些理想因素，我认为实现真实的"人与文本"的对话是一个不错的策略。最近观察年轻教师的课堂，我发现了其中的一些奥秘，并且看到了年轻教师在这些方面的智慧。

下面我介绍两位教师在这方面的探索，一位教师着眼于两次学情分析，另一位教师着眼于二度教学设计。可以说，要想实现"人与文本"对话，没有这两个行为是不可的，而落实好了"人与文本"对话，学生在课堂上学得最好的理想因素会伴随而来。

一、两次学情分析

八年级数学学科强荣老师的两次学情分析是很有价值的探索。强荣老师在她的教学反思中是这样描述她的思考与做法的：课堂学习活动应以学生已有知识经验为基础，通过操作体验，使学生获得丰富的感性认知和直接经验，能够让思维水平实现由低层次到高层次的发展。活动的设计应着眼于学生的最近发展区，为学生提供适当难度的内容，调动学生的积极性，发挥其潜能而达到下一发展阶段的水平。基于此，本节课课前任务基于第一次学情分析确定，重难点基于第二次学情分析确定。

第一次学情分析：对于"关于原点对称的点的坐标"的学习，学生积累了探究点变换前后坐标变化的活动经验，但缺少独立设计方案来解决探究类问题的活动过程，在设计中可能会遇到问题。学生已经学习了图形的旋转，掌握旋转中心、旋转方向、旋转角度三个基本概念，已经掌握旋转的定义和性质，中心对称、中心对称图形的定义和性质。学生能熟练掌握旋转前后图形间的全等关系，并且有了平移与坐标、轴对称与坐标的知识储备，已经熟悉如何求点的坐标，会过这个点作坐标轴的垂线，将求坐标问题转化为求线段长的问题。但是将图形的旋转与平面直角坐标系相结合，运用坐标描述图形的位置和运动，学生理解不深刻。八年级的学生处于形式运算阶段，思辨能力逐步形成，在课前让学生自主学习，设计方案，并自主调整设计方案。本班学生15人在自主学习层（有自学能力的学生），已经有两年多的数学探究经验，在这部分学生的带领下，班级探究氛围浓厚。但是除这15人以外的学生第一次自行设计探究方案，有一定的难度。

基于上述第一次学情分析，设计了课前任务：阅读教材P74活动二，制订探究方案，写明探究过程，课题自拟。可借鉴P68"关于原点对称的点的坐标"。设计意图有如下四点：①自主阅读、自写方案、借鉴教材内容是学法指导，给学生提供自主学习的路径。教材活动二主题为"绕原点旋转特殊角度的点的坐标变化"，可以类比教材"关于原点对称的点的坐标"的探究过程，按照"观察实例、归纳猜想、证明、应用"的过程设计探究方案，积累数学活动经验。借鉴教材是再一次深研教材的过程，回看教材的每一段话要传达给学生怎样的知识和技能、思想和方法。②通过发现同伴设计中的亮点，积累"性质类数学活动"的活动经验，为第二环节中进一步探究做好准备。③让学生课前完成教材的编写，有自主学习的过程，提高效率，作品的展示也是对学生的一种评价。④通过学生对作品的评价，突出从特殊到一般的数学方法和转化的数学思想。

第二次学情分析：根据下面表格中三类情况的数据和分析，确定本节课的重难点。

情况	人数	分析
直接填写答案或答案错误	5人	未按照要求完成作业，课前完善。
用特殊点解决问题	21人	遇到问题时，学生会利用特殊实例求解，经历了观察实例到归纳猜想的过程，但往往只举一个例子，具有片面性，也没有进行证明。基于"观察实例、归纳猜想、证明、应用"的顺序研究数学问题的逻辑还未建立。基于学情，确定本节课的重点为：上述活动经验的积累并尝试应用。
直接上手证明	16人	这部分学生大多数学基础较好，会证明该问题，直接上手。为了让同学们体会到从"观察实例、归纳猜想、证明、应用"的顺序研究数学问题的意义，基于学情，确定本节课的难点为：设计绕任意点旋转90°和绕原点旋转45°坐标的变化，感受观察实例到归纳猜想的意义。

二、二度教学设计

在阅读英语学科牛雅婷老师的课后教学反思时，看到"两次授课中的教学改进"部分，有如下两段文字：

在第一版教学设计与实施中，输出任务并没有完成，小组未能汇报展示，课堂结构头重脚轻，原因是对教学重难点把握不准。在听前的词汇练习环节花费过多时间，而后展示情境任务，学生又在情境中练习目标语言，相当于为了学习词汇共用了两步，而这些词汇对学生来说不是难点，不必花费过多时间。本节课学生能力的提升点在于输出环节，因此前面的环节应以目标导向整合精简。

在第二版教学设计与实施中，在导入环节铺设情境为词汇学习提供了语境。通过"what do you want to watch""I want to/ hope to/ prefert to…"的整体问答，学生在情境中练习目标句型，在句型使用中练习目标词汇，学生学习的目的性更强。学生学习的真正难点在于对新知"can't stand"和"don't mind"的理解与熟练使用，课堂上根据学生的掌握情况及时反馈，加强练习，突破难点。

第二篇听力材料中一处未预设到的难点在于，两个说话人都是女生，增加了获取信息的难度，学生需要仔细辨别当前说话人才能获取正确的信息。因此在试讲发现了这一问题后，在第二次授课中，教师有意识地在学生听前点拨了这一点，让学生注意到即将听到两位女生的谈话，即意味着学生的一部分注意力要分配给辨别说话人，学生的这一听力任务完成度有所提高。

仔细阅读牛雅婷老师的反思，表面上是通过试讲了解了自己教学设计的弊端，而这些弊端恰是通过学生的学习状态凸显出来的。这提醒了教师需要对教学设计进行再度调整，调整后的教学设计自然是基于学情的，改变了教师认知上的主导性，通过理解学生的认知和心理需求，从认识学情出发进行教学，在学生思维基础上巧妙进行对话链接，自然引导学生学习。

从牛雅婷老师的教学情境看，不仅能够体现上述效果，更体现了她实事求是地从学生中来到学生中去的教学观念，在她的课堂上真正体现了英语作为语言的学习规律，实现了"人与文本"的真实对话。而解决学生在什么情况下学得最好的十个因素，教师在教学设计上的观念以及课前、课中与课后行为，都有所体现。

牛老师通过对三段听力语篇设置层层递进的意义信息引导，为学生搭建了两个"i+1"发生的条件。克拉申（Krashen）第二语言习得理论中的输入假设认为，只有当习得者接触到"可理解的语言输入"，即略高于他现有语言技能水平的第二语言输入，而他又能把注意力集中于对意义或对信息的理解而不是对形式的理解时，才能产生习得。"i+1"，"i"代表习得者现有的水平，"1"代表略高于习得者现有水平的语言材料。根据克拉申的观点，这种"i+1"的输入并不需要人们故意地去提供，只要习得者能理解输入，而它又有足够的量时，就自动地提供了这种输入。这使得全班90%以上的学生能够紧跟课堂动起来，思维对话活动环环相扣。

下面对当时的教学特征进行详细的分析。

1. 创设核心情境任务，贯穿课堂学习。

本节课的核心情境及任务是为育英电视台推荐一档电视节目，供住宿生周六晚上观看。Task: YYTV plans to broadcast a kind of TV show for boarders on Saturday nights. It's collecting students' opinion now.

这一贯穿始终的情境使学生对学习内容和语言功能有整体感知，学生对后续课堂活动的目的和学习重点更加明确，有助于学生尤其是优生自主监控学习过程。为了推荐合适的电视节目，学生需要学会表达"偏好"并说明"原因"。同时，由于是特定情境下的推荐，学生自然需要考虑推荐节目的价值所在，为后面引导学生思考评价谁的选择更理性做了铺垫。

2. 输出任务驱动输入活动设计，让教材为我所用，让课堂简洁高效。

明确输出任务后，课堂学习逻辑可以清晰地规划为以下三个环节：

主题意义	TV shows	preferences→reasons	make national choice
课堂活动	learn and drill	listen to input; practice	discuss and report
思维提升	memorize	compare and analyse	create, convince and update

在听力输入环节，学生需要学会表达"偏好"并说明"原因"。以学案为抓手，落实语言学习。通过设计学案整合课本资源，对三段听力语篇提出了不同层面的任务要求，由获取交际的关键信息到关注语言表达，穿插着师生共同对主题意义进行讨论。即理解个体对电视节目的不同喜好及原因，通过对比，分析出娱乐活动也存在高价值收获的可能性，启发学生的思维。

Activity 1. Talk about preferences

Listen to two students talking on tonight's watching schedule. Note down preferences below. 关注偏好表达

talk show	news	talent show	soccer game
_____ _____ but sometimes can be a bit _____	doesn't mind	usually _____ _____ them, but this one is quite _____	watch together at 5:00

Activity 2. Talk about reasons

I. Listen to students talking about preferences on TV shows with reasons. 关注原因，对比人物

	likes	dislikes	reasons
Sally	news talk shows _____	_____	• likes shows that are _____ _____ • tries to guess the _____ to the _____ • usually expects to learn something
Lin Hui	sitcoms		• a great way to _____ • can learn some great _____

II. Who do you think is more serious and rational (理性的) in making choice? _____

III. Listen and fill in the blanks. Check ☑ who is more serious and rational? 关注人物，对比原因

	☐ Grace	☐ Sarah
games shows & sports shows	can't stand	
soap operas	likes to follow the _____ and see what _____ next	doesn't mind
news and talk shows	boring	• may not be _____, but you can _____ _____ _____ a lot from them • hopes to be a TV _____

语篇 1：

➢ What are they going to do?（追问，关注语言交际意义。）

➢ What does he think of the shows?（获取偏好信息，关注偏好表达。）

语篇 2：

➢ What does she like/ dislike? Why?（获取原因信息，关注原因表达思路。）

➢ Retell.（夯实原因语言，练习表达思路。）

➢ Who do you think is more serious and rational in making the choice?（对比人物，应用原因表达。）

语篇 3：迁移

➢ Who do you think is more serious and rational?（关注人物，对比原因，拓展思路。）

第五章　明于尊"律"寻"理"　191

基于主题意义，对每篇听力材料的侧重点加以设计，能够真正实现"用教材教"。一方面听力任务的设计使听力材料的运用更加紧凑连贯、重点突出，比常态听说课多加了一篇材料的情况下，课堂仍然更加简洁高效。另一方面，学生对每一次听力的目的和要求有明确的认识，符合"i+1"的语言习得规律，在实施过程中，学生良好的全员参与和步步紧跟证明了这样设计的合理性和有效性。同时，注重意义的语言学习使学生能够跳出语言发展水平的限制，师生更聚焦于与文本进行思维的对话，这使得不同语言水平的学生能够在课堂各学习环节中产生观点，思维活动环环相扣是吸引学生高度参与课堂的重要原因。

3. 小组讨论为学生搭建观点碰撞的平台，用同伴影响力促高质量课余生活。

通过对之前环节的学习产出进行归纳与提炼，学生将电视偏好原因的表达归纳为 feeling 与 benefits 两个方面，板书为学生的输出环节提供了思维支架。

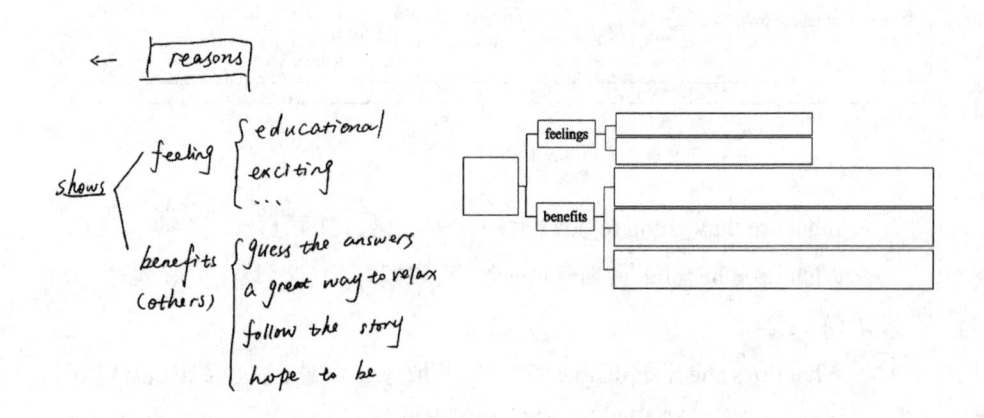

最后的输出环节以小组为单位推荐一个电视节目并汇报，组内四人的观点最初可能不尽相同，学生需要先用目标语言表达自己的想法，再互相说服（argue and convince）才能产生小组观点。这个过程中学生自然需要多维度考虑推荐节目的价值所在，同时，自己初始的偏好可能在同伴影响下发生改变，学生因此可以理解高质量课余生活的意义，以指导自己的真

实生活选择。

小组观点以思维框架的形式呈现,汇报时邀请了三组学生做推荐,其他组进行补充或评价,最后对比三组的观点,全班范围内选出最佳推荐。学生在对比、评价他人作品时,会再次进行价值判断,本课的意义引领和情感态度目标再次得以落实。

三、"人与文本"对话的理论解释

牛老师在教学过程中,没有把自己的主观愿望强加给学生,与学生之间的对话,学生与学生之间的对话,师生与文本的对话,达到"随风潜入夜,润物细无声"的境界。这种境界的实现,自然是与学生的认知、思维和情感自然衔接。

数学学科教师强荣的"两次学情分析"与英语学科教师牛雅婷的"二度教学设计",正如罗祖兵老师和宋正艳老师在《中国教育学刊》发表的文章《教学中"人-文"对话困境及其突围》中所阐释的观点,其关键在于激活学生的"前理解结构",为"人-文"对话做好心理准备。从哲学解释学的角度看,"对话就是对话双方主体各自基于自己的前理解结构,通过理解而达成的一种视界融合"。人理解任何事物都具有三个先决条件:"先行具有"(所从属的文化结构)、"先行见到"(已经被领会的东西)、"先行把握"(某种已经确定的思维方式),马丁·海德格尔(Martin Heidegger)把这三个条件概括为"前理解结构"。在"人-文"对话中,"前理解结构"起着基础性的作用。人理解文本的过程,其实是一个以已有经验及其结构去加工、同化文本的过程。因此,进行"人-文"对话教学前应激活学生的"前理解结构",为与文本对话做好一定的心理准备。这就要求学生在对话的过程中,把对文本的理解与其已经存在的"先行具有""先行见到""先行把握"相结合,反复地进行思考,接受对话所呈现出来的种种意义,而不是唯一客观的意义。当然,"前理解结构"也在对话的过程中不断地得到更新,可更好地为后续对话服务。

该文章还有如下观点:对话教学的目的不在于掌握文本,而在于实现文本的发展价值；对话教学使人与文本之间由"我-它"关系变成"我-你"关系；对话教学实现教学方式由"传递—接受"式转向"互动—体验"式的理想境界，当然，这需要老师转变"文本被视为静态化存在"的旧有观点；丰富学生的生活体验，为"人-文"对话奠定经验基础；引导学生静心"倾听"，让文本发出自己的声音；引导学生移情体验，让学生领会文本的含义；鼓励学生及时反思，提升持续对话的能力。

张宏伟老师的观点以及罗祖兵和宋正艳老师的研究，都可以成为强荣和牛雅婷两位老师实践的理论依据与观点参考，是一线教师实现课堂上"人与文本"的真实对话、让学生达致学得最好的境界而需努力探索的目标和方向，这对于所有学科的教学都有借鉴意义。

从生命的高度动态看待教学

学校组织了一场青年教师课堂教学比赛，作为评委之一，我有机会听完了学校所有入职五年内青年老师的课。多数老师的课，不管是其闪光点，还是其显露的问题，都是清晰明确的。但是有一节语文课，其中的一处问题处理方式引发了大家的议论。该文旨在引发大家的思考，不做观点对与错的分析。

一、单元分析与课时设计

该老师所授内容是部编版语文七年级下册第三单元第12课《台阶》，单元主题是"凡人微光"。单元有如下说明：

本单元的课文都是关于"小人物"的故事，这些人物虽然平凡，且有弱点，但在他们身上又常常闪现优秀品格的光辉，引导人们向善、务实、求美。其实，普通人也一样可以活得精彩，抵达某种人生的境界。

本单元的学习注重熟读精思，要注意从标题、详略安排、角度选择等方面把握文章重点。还要从开头、结尾、文中的反复及特别之处发现关键语句，感受文章的意蕴。

该老师做了如下单元内容分析：

育人方面：本单元课文都是生活中的"小人物"的故事。这些"小人物"没有传奇的经历、壮丽的事业，没有精湛的学识、豪迈的语言，但他们仍然带给人们深深的感动，他们有着朴素的爱与单纯的善，有着平凡的向往与坚定的追求，有着自信与智慧。他们是像我们一样平凡的人，所以他们身上的故事更容易启发学生，通过阅读这些"小人物"的故事审视人性、理解社会、净化心灵。在"小人物"的故事的学习中，深化学生对"怎样做人"的认识，启发学生更理性、积极地看待身边的普通人，发现他人身上的闪光点。

语文学习方面：通过阅读这几篇写人叙事的作品，帮助学生了解叙事作品的共性，体会不同问题在阅读欣赏中的差异性，获得阅读欣赏叙事作品的经验和方法，提升对文学语言的感受力，增强对作品意蕴的思考和领悟能力，充分领略叙事作品的形象美、语言美、意蕴美。

可能遇到的困难：这几篇文章的时代背景与学生生活的时代差距较大，学生较难在把握时代背景的基础上品悟细节，感悟人物。

该课时的基本教学设计如下：

教学目标：

1. 结合小说的文体特征，从情节入手，深入细节，欣赏人物形象。

2. 在欣赏人物形象的同时，体会"台阶"的含义，把握小说主题，对小说主题进行多元解读。

主要教学环节：

1. 初读课文，感父亲：引导回顾故事情节，感悟父亲，展示学生初读课文时提出的问题。

2. 精读细思，品父亲：通过学生提出的问题，引导学生通过圈点批注的方式品悟父亲形象。

3. 深入内心，悟父亲：通过学生提出的问题，引导学生细读文本解决问题，感悟父亲的内心世界。

4. 深入作者，悟情感：父亲用大半辈子的时间去造一栋有高台阶的新屋，却在新屋落成之后感到空虚和寂寞。作者对此是什么态度呢？作者笔下的父亲是一个悲剧人物吗？请在文中找到依据。展示文本研究者的观点，将研究者的观点分为伟大派和悲剧派，启发学生阐释观点。最后学生朗读作者的观点，升华主题。

二、问题处理引发观点争鸣

从教学设计到课堂实施，我全程跟踪，我是英语学科出身的，没有发现硬伤，我对潘老师的课评价很高。但是在我们评课的环节，有的老师提出了一个疑问：

在教学环节"深入作者，悟情感"中有如下问题与提示：作者笔下的父亲是一个悲剧人物吗？请在文中找到依据。如果与单元说明对照，是否偏离了本单元编者的意图，或是有可能引偏了学生们的价值体认？

于是我再次阅读潘老师呈现的该问题的设计意图：承接上一个环节的人物内心世界分析，进一步深入细节，通过思辨性思考感悟作品主题与作者情感。回忆潘老师的课堂现场情境，她是出示了正反两方面的观点，引发大家思维的碰撞来解决这个问题的。

我的观点是：作为一个年轻教师通过了解与自己教学有关的学术界的成果，并从语文教学自身规律出发，创造性地消化、吸收这些成果，发挥个人的创造力、想象力的空间，引领学生思考，培养其思维，应该是值得提倡的。但是我又感觉其他老师的观点也有道理，毕竟老师也预测到了学生可能遇到的困难，即文章的时代背景与学生生活的时代差距较大，学生较难在把握时代背景的基础上真正理解父亲这一人物形象，以及作者背后蕴藏的情感。

于是，我借助微信，搜索到网友的一篇文章《〈台阶〉中父亲形象的深度分析》。文中有如下观点：

李森祥的《台阶》已经成为了初中语文教材中的新经典篇目。在这篇小说中，父亲作为一个作者着力塑造的形象，一直是各个语文老师教学分析的重点。很多时候，老师们都把重心放在了对父亲优秀品质的歌颂上。的确，这个父亲勤劳、节俭、不甘人后，他要用自己的双手和自己的劳动自立于受人尊重者的行列。他又有着坚持不懈的精神，在确定了一个目标之后，甘愿为此付出一生的努力。同时，父亲又有着中国农民特有的谦恭和低调，他在新屋的台阶造好之后，却不好意思再坐上去。在此基础上，有的老师能更进一步，歌颂之后，又能对作者寄予父亲悲剧命运的同情进行点明。但是，如果我们只是赞美和同情父亲，就丢失了解读这篇文章更重要的元素，让这篇足以直击灵魂的小说失去了深层魅力。

那么，该如何深度解读父亲呢？作者有如下三个观点：首先，我们在看到父亲优秀品质的同时，更要看到父亲身上的苦难。其次，我们在看到父亲坚持不懈追求梦想的精神的同时，更要看到他精神上所处的困局。再次，我们在分析父亲形象的象征意义的同时，更要看到他在我们每个读者内心深处的投影。

根据这篇文章，我鼓励了看着好像很困惑的潘老师。几天后，我收到潘老师的一篇反思《如何将语文课堂教学与学生的生命成长相联系？》。读后我陷入思考，为这位年轻老师的学习意识与反思品质而叫好。下面我摘录部分内容：

我原本以为我对学情的把握不准是对学生掌握知识的把握不准，现在看来简直是本末倒置，对学情的把握更大程度上是对学生生活环境、认知水平、所思所想的把握。虽然说文学源于生活，高于生活，但是语文教学不是纸上谈兵，不是唯文本是论，搭建语文学科与学生生命成长之间的桥梁是教师义不容辞的责任。我们的教学万不可囿于文本，拘泥于文字，而是将语文学科的学习与学生的生命成长相联系，让学生一课一得，一课一收获，一课一体验，一课一成长。正如爱因斯坦所言："当学生把学校教给他的所有东西都忘掉以后，剩下来的就是教育。"如果《台阶》这节课的学习与采访校工、体验生活相联系，学生的收获将不仅仅是对文本的理解，更重要的是对真实生活的体验，体会基层劳苦大众生活的不易，体会父母、老师等的辛苦付出，这是对生命成长的感悟。教师要正确处理学生的真实生活和价值体认之间的关系，引导学生感悟文中父亲群像是中国的筋骨和脊梁，中华传统文化中的父亲所代表的是责任与担当，从而体会生命之美，美在创造，美在劳动，让学生体悟到语文学科所承载的生命成长的意义，将语文的教学扎根在学生生命成长的土壤中。

在最初的备课中，我本想直接给出父亲的伟大之处，给出"以父亲为代表的这些一无所有但依旧艰苦创业的草根阶层，正是中国的筋骨和脊梁，中华民族也正是在这样的坚韧精神支撑下才繁衍不息的"，但是后来在改课的过程中，我把目标定位在了培养学生的辩证思维上，最终改变了形式，希望基于学生的辨析论证引出结论，但由于课堂时间有限的关系，最后我只是展示了作者的观点，让学生齐读，现在想来这样的处理对学生价值观的培养是非常单薄的。我只想到要培养学生的思维，没有将教材中的"你是怎样看待父亲这一人物形象的"这一问题与"在他们身上又常常闪现优秀品格的光辉，引导人们向善、务实、求美"的单元导语相联系，更没有以这篇文章为基点起到引导学生理解社会、净化心灵的作用，忽略了最基本的"立德树人"的目标，忽略了最基本的价值观导向问题，这是舍本逐末的做法。

需要进一步说明，本文不做结论性的评述，仅供大家观点争鸣。但是，从潘老师的反思看，潘老师在迅速成长。难能可贵的是，她领悟到了"教学与学生生命成长的关系"。因为时间关系，这节课的缺陷是没有来得及充分针对伟大派和悲剧派提出的观点，启发学生阐释自己的观点，从而升华主题。当然，这个遗憾可以通过课后作业或下一节课进行弥补。

三、从生命的高度动态看待课堂教学

叶澜教授在她的文章《让课堂焕发出生命活力——论中小学教学改革的深化》中有这样的观点：从生命的高度用动态生成的观点看课堂教学。

● 课堂教学应被看作师生人生中一段重要的生命经历，是他们生命的有意义的构成部分。对于学生而言，课堂教学是其学校生活的最基本构成部分，它的质量，直接影响学生当前及今后的多方面发展和成长；对于教师而言，课堂教学是其职业生活的最基本的构成部分，它的质量，直接影响教师对职业的感受、态度和专业水平的发展、生命价值的体现。总之，课堂教学对于参与者具有个体生命价值。

● 课堂教学的目标应全面体现培养目标，促进学生的全面发展，而不是只局限于认识方面的发展。……课堂教学中的目标中应该包括情感目标，但不是美国教育家布卢姆在目标分类中所提到的，以服务于认知目标完成、与认知目标相呼应的情感目标，而是指向学生对己、对事、对他人、对群体的情感体验的健康、丰富和情感控制能力的发展。显然，这不是一节课能完成的，但却必须通过每节课来实现，渗透在课堂教学的全过程之中。自然，课堂教学的完整目标，还应该包含学生意志、合作能力、行为习惯及交往意识与能力等多方面。其中每一项，都应具有与认知活动相关的内容及价值，又有其相对独立的内容及价值。这些方面的综合，才构成学生生命整体发展。因此，在研究课堂教学时，要注意两方面的关系与整合：一方面是知识体系的内在联系、多重关系，以求整合效应；另一方面是学生生命活动诸方面的内在联系、相互协调和整体发展。这是一个尚需下大力气深入研究的问题。不仅要揭示上述两方面的规律，还要研究课堂教学与这些目标之间的具体关系。但今天可以明确提出的是：我们需要课堂教学中完整的人的教育。

我想，叶澜教授的观点回应了我们的讨论，给我们的教学提出了根本性的方向。而潘老师的教学实践与反思，给我们每位教师开启了需要努力到达的高点与境界的阀门。

换种思维方式领导学校教学

去过不少学校,发现大多会为了提升教学质量,搞一些教学方面的改进工作,我认为,这是需要做的,但是当与教师交流起来,他们却表现得苦不堪言,大多是吐槽学校规定了某种教学模式,甚至规定了教师讲授必须花多少时间,合作必须花多少时间等。无疑,学校的出发点是好的,想通过如此的规定规约教师,把学习的权利还给学生,让学生更多地参与自主、合作、探究学习,引导教师不要陷入"满堂灌"的局面。

但是,一项着眼于学习方式的变革,是需要时间的,尤其对于那些老教师来说,他们的观念和行为是很难一时转变的,而对于刚毕业的年轻教师来说,他们想达到理想境界也不是一朝一夕的事。"一刀裁"式的观念和行为成了教师日常教学工作中的痛苦。这需要学校组织一系列相关的课例研究,让一些愿意干、有创新意识的骨干教师先行先试,在慢慢的课堂教学变化中找到更加有效的方式和策略,允许一部分教师暂时跟不上步伐。

其实,圆满的结果并不是最重要的,而是大家都愿意参与教学的改进行动,都愿意自我反思,在探索中找到好的经验,学习其他同事的好的经验,能够在反复的探索中感觉到、发现了自己的问题和不足,然后有意识地、主动地来改进自己的行为。这个教学改进的过程是有价值的,这个过程才是真正的教学改进。

凡是仅仅为了学生学期末最后的分数成绩而忽视了过程中的实践、探索、反思和研究的改进行动,即使是说为了教学质量的提升,行动的最后结局自然是广大教师的抱怨,理想的教育是不会出现的。更可怕的是学校制定了严格的课堂教学评价标准,如同工厂车间生产机器的流水线一样来量化教师的课堂,作为评价教师工作优劣的凭据,那就破坏了教师这一职业与人的本质,既不尊重教师的人格,更不尊重教育的规律和学生的认知学习规律。情感、思维、认知、价值观、习惯等各不相同的生命,面对固定呆板的统一模式,被强迫学习就会发生,被动接受教育的现象就会成为常态,教师和学生的天性与灵感都会被限制,甚至是抹杀。

这样的学校太多了,有的学校机械学习一些外地外校的经验,有的学校不加选择地接受一些专家的指导,不加消化,不会根据自己学校和师生的实际需求与现状随机应变,就硬性规定全校教师效仿执行。我记得某个地区的一所小学,规定了课堂教学的三个阶段:第一个阶段是复习旧知,是通过做题或问答完成的;第二个阶段是讲授新知,是通过教师讲解,偶尔提问完成的;第三个阶段是反馈达标,是通过做题完成的。这样的课堂目标在哪里?优质的问题在哪里?单一的活动任务,单一的评价反馈,单一的学习方式,缺乏真实情境,没有表现性评价,缺乏试错和追问,没有留给学生二次学习的机会,精彩观念和创造性成果没有机会诞生。这是多么可怕的教育现象啊。

阅读《基于设计的学校教育:使命、行动与成就》一书,其中有一些观点我是很认可的,可以作为解释上述现象的理性思考。

如果对教师岗位缺乏更精准的描述以及恰当的工作期望与评估,就会无意中干扰学校改革。说得更直白一些,我们认为许多勤奋的教师实际上对他们的工作职责有误解,许多教育领导者不去面对这些误解,没有对教师提出更明确的期望,这无形中加深了这些误解。我们需要对教师的使命有更清晰的认识。尽管教师们勤奋善良,但行动表明他们误解了自己的工作,许多教师错误地认识了他们的义务。教师对教师角色的理解确实是不准确的,因为他们总是效仿他们所经历过的教学。而且,他们的指导者很少明确指出他们的工作是引发理解,而不仅仅是把课上完,指望学生自己理解。

"教"这个词含义是含糊不清的。它不仅可以指我们最广泛意义上的教育工作者的职责（我们都是教师），也可以指不同的方法（通过提问来教，通过讲授来教）。另外，教也可以意味着一系列的目的（告知、拓展意识、发展能力）。甚至，教也可以指孤立的教师行为，而不管结果如何，就像那句老生常谈："我教了他们，但他们不学。"

教师的角色、行为和策略必须来源于既定的使命和目标、课程和一定的学习原则。换句话说，采用哪种具体方式、方法和资源，并不主要是主观的"选择"或单纯的风格问题，他们是从对学生成绩的期望及对学习过程的专业理解中合理推导出来的。

在1982年的"佩迪亚提案"中，莫蒂默·阿德勒呈现给我们与智力目标相关的教师角色主要有三类：讲授或直接教学；辅助理解和培养相关的思维习惯；行为教练（能力和迁移）。

讲授或直接教学，在这个角色中，教师的主要目标是通过显性教学、讲课、复习课本和示范来告知学习者。辅助理解辅导教学旨在帮助学生建构意义，理解重要观点和过程。在这个角色中，教师主要引导学生探索复杂的问题、文本、案例、项目和情境，所采用的主要方法是提问、探究及与过程有关的评论，很少或根本没有直接教授。行为教练，旨在支持学习者在复杂和自主的行为中成功迁移所学知识的能力。教师或教练建立明确的表现性目标，然后通过提供持续的表现机会去监督技能和习惯的发展，并赋予具体的反馈和示范。

在这三种分类中，我们可以很清楚地看到：没有最好的教学方法。相反，教学方法或特定教学活动的选择应该取决于所期望的结果意味着什么，及学习者需要什么样的帮助和体验。当学习目标需要以有用的方式表达信息时，使用直接教学法；当目标是确保理解观点和克服误解时，那么辅导学生进行讨论和调查，让学生反观自己；当学习者要把知识和技能迁移到新的情境中时，教练方法就能达到预期的效果。

显然一个高能力的教师不仅能在三个角色中表现出所有技能，而且能理解何时使用、以何种组合使用以及使用多长时间。那是教师的迁移任务。这个决定要遵从使命和学习优先级。是的，有时候直接讲授是有效的。然而，当学习目标凸显理解和迁移成效时，从逻辑上来说，我们希望在课堂上看到学生的探索和训练对迁移成效的促进作用。

所以，关于哪种教学方法最好的无休止争论，完全没有抓住重点。就教师和学生的角色而言，我们必须基于一些基本问题来考虑任何即将到来的教学活动：既定学习目标的优先级是怎样的？如何能够最好地利用课堂固有的有限时间？教师和学生在课堂内外应该做什么来更好地实现目标？学习者辅导材料和教师以什么样的方式交互？在什么时间最有可能达到与使命相关的各种明确结果？作为教育者，我们能采用哪些重要的行动来引起学习者发生重要变化？

其实，由于教师长期在一个相对封闭固定的环境里，每天与一些熟识的同事在一起交流，自然会养成一些约定成俗的习惯，因此，会越来越少地去思考本书中所论述的问题。

阅读此书之前，我也受过本文开始时所描述现象的影响，曾经产生过不少疑惑，找不到更加合适的观念来说服自己，更不能梳理出更合适的具体操作来指导一些学校和老师。但是在此书作者观点的启发下，我似乎发现了一道亮光，触摸到转变、影响、制约许多学校的教学改进，引领教师走专业发展之路的希望，那就是给教师规定教学模式，给课堂限定流程，都不如给教师建议上述三类角色，然后提升教师能力的聚焦点就是教师如何转换这三种角色的迁移能力，再然后就是教师一起找到适合教学的学习原则、课程、使命与适合课堂的设计。按照这个路径自然就走向如何设计好目标、活动、评价，找到好的问题、策略、方法等。符合规律的教学自然就生成了，学校的教育生态就平衡了。

希望我们广大的一线教师都有这样的机会，希望我们的教育管理者和指导者能给教师这样的机会。

在校园里获得不好教的能力

一名年轻教师与我交流，她阐明了如下观点：当今孩子缺乏的是通过审美教育、劳动教育等获得的对于美好事物的体悟能力，通过探索大自然开阔视野获得的对于世界的好奇心，通过梦想激励获得的对于人生成长的内动力。这些考试不考的能力，也是不好教的能力，往往决定孩子们通过教育这个通道来提升人生成长的效率和持续性。我深表敬佩，这说明我们的年轻教师已经有了很深邃、很高远的思考。

但这让我想起了学校，如果这位年轻人的教育理想能实现的话，我们的学校应该秉承什么样的办学理念？什么样的文化和环境来支撑、容纳这样的教育理想的生长与生成？之所以有如此的思考，是源于看到不少的学校缺乏让这样美好的教育理想实现的环境与土壤，身处其中的老师们有心却没有机会去兑现自己的理想与抱负。

午饭后，我喜欢在校园里走走看看，这个时间是育英学校的孩子们的"快乐大午间"。育英学校的校园很大，里面有小学、初中和高中的学生4000余名。就在这个午间，这些不同学段、不同年龄的孩子们，可以按照自己的计划和喜好尽情地活动。

有打篮球的、踢足球的、打乒乓球的，有在图书馆读书的，当然也有在教室内休息的。但是，最打动我的几个场景是这样的：几个学生围坐或并排坐在一棵银杏树下面的木质椅子上做作业；有时当你转到一个相对人少的地方，会看到一个学生自己在读书；几个小学生在刚刚盛开的玉兰树下捡拾花瓣，不远处有一名老师微笑着在等待着什么；几个中学生搬起草丛里的石板，在寻找着什么，走近看，原来是在寻找昆虫；有几个女生坐在长廊里的座位上，正在研讨情景剧的具体事宜；有的学生拿着照相机正在专注地拍摄校园里刚刚盛开的梨花；在大厅里，你会看到有的学生在忘我地弹奏钢琴、吉他；还有很多在玩着只有他们自己才能明白的游戏；有的三三两两在对弈，在水边赏鱼，在动物园观看孔雀，在聊天，在散步，在沉思……

当你阅读完我描述的这些场景，你可能会说，这也太自由了，这样的校园景象也太迷人了。是的，这是一个以学生为中心的校园，是学习实践、学生交往与学校环境互惠的一个场域。在这样的环境里，学生在教室之外可以继续展开学习，也就是非正式学习，学生可以在没人引导的情况下进行自我引导，或同伴相互激励，这都在自然而然中发生。相同年龄甚至不同年龄的学生可以实现不经意地交往，在交往中互相学习，互相关怀，社会交往能力潜滋暗长。这种方式的学习与学校环境之间不断地恰接与推进，每一个生命变得机敏、活跃，离开书本，在真实学习环境里熏染、尝试、探究、创造，学校环境被彻底调动起来，满足学生不断发展与成长的需求，把学习者与更多广泛的经验、情感与品格联系起来，学生可以个性化学习，可以根据相同的志趣合作学习。这是一个环境本身能够"学习"的校园，它会邀请丰富多彩的项目化学习在校园里诞生。这样的校园学习方式与教室内、实验室内的传统学习方式相互融通，互相浸润，相辅相成。

这个时空的学生生活与学习是完全交给学生做主的，育英学校创造了一个学生可以在其中润物无声地接受教育并茁壮成长的环境氛围。当你身临校园，你的激动会接踵而至，你会被自然地拉回到童年时代，你会发现到处都呈现出让生命律动的场所和元素。在此，我不得不对这样美好的校园进一步进行诗意的描述。

走在校园的道路上、各种功能室走廊里，你会时时处处感受到传统经典文化的熏陶；步入银杏树林，便见到一些散落有序的石桌石椅，学生可以在此谈心、休憩、读书、下棋、嬉戏；漫步在果树园，学生可以研究各种植物，欣赏春天的花朵，体验秋天的收获；还有学生农场里生长着的麦子、黄瓜、油菜，动物园里可爱的兔子、鹦鹉、鸽子、孔雀、羊驼，水池里自由的鱼儿，天空中、树枝上鸣叫的不知名的鸟儿，在江山社稷广场拍婚纱照的校友……

如果想读书的话，小径旁、走廊里、景点处，随时随地就可以选择一本喜爱的书籍，坐在亭子下、花树旁、草地上、石水边的木头椅子上阅读；如果想展示自己或班级才艺时，校园里有多处设计独具匠心可供表演的温馨展台……

当休闲、读书、游戏、研究、展示、民主、服务等原生态的成长元素能够在校园里找到滋生之地时，当个性、兴趣、好奇、秘密、心愿、激情、喜悦等能够在校园里自由绽放、淋漓发挥时，当每个人的行动都能在校园里有权利、有机会选择时，这样的校园就变成了有生活气、有文化力的校园，在这样的校园里学生的内在生命和精神才能得以捍卫、尊重和解放。"最美校园，做最有价值的教育"，将不再是一句理想化或理念式的口号，而是一次真真切切、踏踏实实的教育实践与探索。

苏霍姆林斯基说："学习要在一种多方面的丰富精神生活的广阔背景下进行。"当师生都对自我生命有了承担，把学习当作自己的兴趣，"独立、自由与创造"这三种精神不再由外在的控制力来实现时，真实的教育生活就凸显了，学习者会去自觉追寻自己的内在生命需求，不同学生的世界在这样的环境里相遇后，会共同走向一个新的世界。文章开始那个年轻教师的教育理想只有在这样的校园里才会有得以实现的可能。

该校于会祥校长提出学校德育的六条主张中，有如下三条：学生和校园环境的交互能使学生的成长更具精神品质；积极支持学生同龄之间、混龄之间的健康交往、志趣交往；在学生真实丰富的校园生活中，习惯、目标、体验、榜样等应成为学生成长的主要动力要素。这是对上述校园环境、学生业余生活的一种很深刻且很精准的提炼与诠释，这样的校园，对学生将会产生深远的影响，他们的一生会带着发自内心的使命，健康快乐地生活、学习、工作。

◆◆◆
让学习在校园任意时空发生

阅读普拉卡什·奈尔所著《重新设计一所好学校》一书，其中的第三章"发掘更多的学习空间"给我一些启发。书中说到过去学校建筑设计哲学是遵循"房间-铃声"模型。这个模型的设计让学生随着铃声从一个房间快速移步到另外一个等同的房间。书中对"工作室"这个词进行了描绘，这个词意味着一个充满机会的空间——一个艺术家的工作室容纳了自己用来练习的所有材料，而且它将邀请外部世界进来。"工作室"是一个包含着许多学习灵感的空间，带来真实的学习机会，并且跟周围环境密切相关。这个空间既作为一个物理空间存在，也作为一个精神空间存在。这个空间是安全的、滋养的、鼓舞人心的，其功能是灵巧的、个性化的、多样化的，它支持各种学习互动，传递积极的信息。

这样的学习空间，可以是教室，也可以单独改造。而育英学校的老师们，却很有智慧地把教学楼里现成的开放、半开放式空间创设成一个个类似的学习"工作室"，吸引着学生们来到这个空间观察、交流、探究、学习……

一、楼道里的"人体模型"

走在思成楼一、二层的大厅和楼道里，会突然被眼前的物体吓一跳，原来是该年级生物老师摆放的"人体模型"，有时会看到三五成群的学生围绕在这些模型的四周，我发现他们要么摸摸这些模型，要么议论着什么，要么在静静地思考。

生物学科老师宗光子说："人教版生物七年级下册第四单元内容是'生物圈中的人'，这部分知识一直是学习中的重难点。为了激发同学们的学习兴趣，我们把人体结构模型安放在大厅和楼道里，方便学生们课前预习和课后讨论。模型摆出后，马上就有很多同学聚拢在模型前探讨人体器官的特点，甚至有大胆的学生把器官模型拆下来，仔细观察后又拼装回去。"

其实，这种做法在上一学期就开始了。生物学科备课组老师们认为，生物虽然就在我们身边，但如果站在生物学的角度去看，有些内容理论性较强，甚至晦涩难懂，于是备课组决定采取"感性认识先行，引发理性思考"的策略。

生物学科老师刘冬梅向我介绍他们的做法和思考。

上学期，学习"种子结构"这一内容时，生物老师提前将莲子、花生等植物的种子（教材中并没涉及）摆放在楼道中，下课后学生三五成群地凑过来边吃边解剖观察，我们仿佛看到一个个小吃货的脑袋上冒着思维的小火花。师生之间和生生之间相互探讨吃的是哪部分结构，叫什么名字，有什么作用。当同学之间有不一致意见时，还会翻阅教材寻找佐证。更有感兴趣的学生通过查找资料介绍了有关莲的其他器官的结构和相关诗句，更加丰富了楼道中同学们的学习资源。学生们一边吃着莲子、花生，一边欣赏着古诗古韵，岁月静好地自主探究学习。在老师的带领下，学生还拿来自己家中的小动物（如我发现过一只小海龟），摆放在楼道中与同学们一起观察和学习。楼道成为了学生们自主探究学习的阵地，与课堂教学相互呼应，又拓展延伸。

这些场景不仅仅发生在楼道里，老师们还煞费苦心地在办公室、教室里创设类似的场景。学生在两年的学习过程中，已经具备了一定程度的生物实验动手能力，如何让学生的观察实验在日常学习中随时发生？备课组老师在办公室里设置了一个小小的实验角，满足了学生突发奇想的显微观察，或是简单的实验探究。

每学年图书馆采买，生物学科备课组的老师们都会精心挑选很多既通俗易懂又专业的书籍供学生选读，在课堂上也会根据教学内容推荐相关书籍。为了让学生们就近读到这些生物书籍，把图书馆搬到了办公室或教室，让学生阅读起来更加方便，也成为查找资料的一个重要途径，便于学生的自主学习。

备课组在开展每一章节的学习内容之前，都会在集体备课时挑选出一些与本章节教学内容相关的、学生可能会感兴趣的、由课本拓展出的问题，引导学生通过提前阅读教材或是查阅资料的方式主动学习、自主研究。

上学期学习"种子萌发"这一章节内容时，在学习之初我们就引导学生去思考：如何制作简易豆芽机为家人发豆芽？在将近两周的时间内，学生通过课前思考、课上学习、课后实践探究，以小组合作的方式完成了种子萌发的探究实验。由于探究题目不同，各小组又通过课上汇报交流互相学习。让老师更为欣喜的是个别有兴趣的学生在此基础上对自己的探究内容进行了深入研究，并参加金鹏科技论坛。例如，宗光子老师指导七年级（1）班学生魏靖翔和孟令轩完成论文《神奇的蒜苗——探究土壤对蒜苗生长的影响》，并获得金鹏科技论坛自然科学类二等奖；牛冬梅老师指导七年级（6）班学生赵核榕完成论文《自制简易豆芽机》，并获得发明创造类三等奖。

在学习"人体的营养"这一章节内容时，学生记录下自己午餐的食谱。课上同学们共同分析校内午餐食物搭配，提出更加科学合理的改进建议。通过学习，同学们认识到学校午餐丰富多样且营养全面。也有学生抱怨说，现在吃饭有点儿"累"，不仅要考虑自己喜欢吃啥，还要考虑如何选择食物配搭才科学合理。我们想这也是一种"甜蜜的负担"吧。通过生活化问题的探究，吸引学生兴趣的同时，让学生在家庭做出饮食指导进行实践应用。

老师们在学生身边为他们创设学习环境，提供学习资源，引导他们主动学习、积极思考。希望孩子们能真切地感受到：若我想学习，随时随地都可；若我爱学习，时时处处都行。

宗光子老师说:"学习资料不一定都是文字形式,模型或者实验器材是更'生动'的学习资料。楼道里这小小的改变,使课间多了很多探讨问题的身影……"

二、半开放空间里的平衡鸟

无独有偶,在思明楼二层和三层的教室中间各有一处半开放的空间,我经常发现有几个学生喜欢待在这个地方,有的坐在这里读书,有的站在一些看似是小模型或玩具的东西旁边观看,用手摆弄。

我找到了物理组的孙捷老师,她向我介绍了做法。原来他们也是把实验室的一些适合摆放在外边的模型或实验器材放在了这两处空间,有的还是老师在网上自己购买的。有摩擦轮转动、蒸汽轮机、皮带传动、链传动等模型。孙捷老师还拿给我一盒橡皮看,我很疑惑?原来在二楼空间里放着一只看着很劣质的塑料小鸟和一个三角形模型,孙老师把两块橡皮塞进小鸟翅膀内,把小鸟嘴巴尖放在三角形模型的尖顶上,奇迹出现了,小鸟稳稳地平衡在三角形尖顶上,像飞起来一样。其实这就是平衡的原理,这个模型叫平衡鸟。另外,我们又看了一个由长短不一的铁条并排在木板上做成的东西,用一个木槌敲打,会发出各种音调,孙婕老师说:"这是因为铁条长短不同产生的频率不同。"孙老师还说:"在教室里我们也放了一些类似的东西,学生可以在课间去观察、玩弄。如果相关的知识没有学习,学生会产生一些疑问,继而激发兴趣,在课堂上他们会更加专注地学习。如果相关知识学习了,他们还有机会继续观察探究这些模型或现象,因为毕竟一堂课时间有限,课下的继续学习可以弥补课堂学习的不足,还可以满足部分同学更多的探究需求。更有一个意想不到的收获:课间同学们来到这里,可以增进交流,可以放松心情,减缓学习上的心理压力。"我认为,这种空间为学生营设了一个自由交流和非正式学习的场景。

该校校长于会祥对这种教学现象是这样思考的,对我们应该有很多的启迪:一是,我们的教学器材一般都是放在仓库中,上课的时候才拿出来使用,用完再放回去。而在课堂上,由于时间和空间的限制,学生很难仔细地、近距离地观察、学习，无疑，提前"摆"出来的做法，更有利于学生的学习。"宁肯用坏，不能放坏，更不要担心学生的破坏。"二是，两位生物老师这样做的初衷是突破教学的重难点，这给我们的各科教学带来很大的启迪——教学绝不仅仅在课堂上发生！如何把这一做法系统地设计、推广，值得探索。我认为，这是把我们的教学引向深度变革的重要路径之一。

这几位学科教师的做法，正是学校提倡的"我的班级我做主，我的课程我研发，我的教学我负责"办学理念的具体落实。这是一种"大教学观"的大胆探索。

三、"两套教学大纲"课程观与"双重规划"课程实施

这让我想起了苏霍姆林斯基的"两套教学大纲"的教学思想。苏霍姆林斯基在自己的实际工作中，始终把握"两套教学大纲"：第一套教学大纲是指学生必须熟记和保持在记忆里的材料，第二套教学大纲是指课外阅读和其他的资料来源。

苏霍姆林斯基的第一套教学大纲，应当是通常意义的教学大纲，有点类似于我们今天的课程标准；第二套教学大纲，则是指富有个性色彩的师本课程或学本课程，是为发展学生智力、提升学生素养的一种补充材料。

以生物学为例：苏霍姆林斯基认为，生物学里有大量很难理解、很难识记和很难在记忆里保持的理论概念。于是，当学生第一次学习如生命、生物、遗传、新陈代谢、有机体等科学概念时，他便先从科学和科普性杂志、书籍和小册子里给学生专门挑选一些（课外）阅读材料。第二套教学大纲里，就包括阅读这一类小册子、书籍和文章。

读了这些材料，学生激发起对一系列科学上的复杂问题以及对新的书籍的极大兴趣。青年学生们通过学习生物学，引起了对周围自然现象（特别是各种各样的代谢现象）的兴趣，提出了很多疑问。苏霍姆林斯基认为，学生们提出的疑问越多，他们获得的知识就越深刻。

苏霍姆林斯基建议，尽力为学生识记、记熟和在记忆里保持教学大纲

规定教材而创造一个"智力背景"。这个"智力背景"就包括课外阅读材料。苏霍姆林斯基的第二套教学大纲还包括劳动实践和观察大自然等。

当然,强调阅读课外资料,并没有否定强化记忆;强调劳动实践,并没有否定课堂学习;强调观察大自然,并没有否定用好教材——我们应该做的是,适当补充,适当兼容,把课外阅读、劳动实践和观察大自然,科学地补充到课堂学习中去,也就是在"有机联系"的基础上发展智力。我校生物学科和物理学科老师们的实践探索,体现了苏霍姆林斯基的"两套教学大纲"课程观。

《像冠军一样教学》一书中介绍了一种教学技巧:"双重规划",为学生在每个时间点的表现做好准备。"双重规划"是指你和你的学生们在课程的每个阶段要做的规划过程。这个规划可以使你通过学生的视角观察课程,确保平衡地采用各种有意义的活动。"双重规划"类似一个简单的十字分类图,你的行动过程列在左边,学生要做的事情列在右边。或者,你可以更进一步,通过设计不同的课程材料来进行"双重规划",例如讲义、手稿、笔记模板、指定的阅读材料、课程包等。

放在楼道里、办公室里、教室里等任何空间的书籍、图片、教学模型、实验器材等物品,就是教师在"双重规划"自己的教学,让学生在更加开放、宽松的时空里,实现正式学习与非正式学习的有机结合,让教学超越教室这个狭小的空间,让身边的事物、信息成为自己的学习资源,甚至让整个世界都成为学习的课程,让"人人学习、时时学习、处处学习"的理念真正实现。

校园里人人是知识的传播者

在日常听同事们的课时,经常看到老师会邀请同学到讲台前为其他同学讲解问题,此时,老师也变成了听众,学生俨然成了课堂里的"小先生"。更多的老师在课堂上喜欢采用小组合作的方式组织学生学习,其中有些环节和方式也是采纳了相互为师的方法。

也有的学校,会创造条件设计"学生讲堂"课程,鼓励学生根据自己的兴趣,把自己阅读的书籍、研究的课题、思考的问题,整理成讲稿,做好课件,在事先预约好的某个空间为来自其他班级、年级的同学授课,就像一名"小教授"一样。

以上两种情形,一种是课内,一种是课外,学生均成了知识的传播者,这是当下学校教育的进步表现。这两种情形,是教师和学校教育者有意设计的教育方式,或者说是教育策略。

一、中国"小先生制"的由来

阅读程振理老师的文章《陶行知"小先生制"教育思想探究》,了解到中国"小先生制"的由来。

其实,这是遵循了陶行知先生的"即知即传人"的"小先生制"教育思想。何谓"小先生"?陶行知先生是这样说的:"生是生活,先过那一种生活的便是那一种生活的先生,后过那一种生活的便是那一种生活的后生,学生便是学过生活的人,先生的职务是教人过生活。小孩子先过了这种生活,又肯教导前辈和同辈的人去过同样的生活,就是一名名实相符的小先生了。"

子曰:"三人行,必有我师焉。择其善者而从之,其不善者而改之。"《学记》中也记有"教学相长"的主张:"学然后知不足,教然后知困。知不足,然后能自反也;知困,然后能自强也。"荀况的《劝学》中有言:"青,取之于蓝,而青于蓝;冰,水为之,而寒于水。"这些中国早期的教育主张,应该可以视为"小先生制"诞生的文化土壤,是中国古代"小先生制"思想的萌芽。

当然,这种教育思想或学习方式,不仅仅发生在课堂上,也不仅仅是教育者刻意设计为之,在校园里,每天都会发生这样的学习场景。在"互联网+"时代,整个世界都是学习的资源,时时处处都是学习的机遇,学生已经不单纯依赖教师和课本来学习知识了,他们获取知识的渠道可谓丰富多元,他们依据自己的兴趣和机遇所学习的某些领域的知识,可能远远超过老师,在某些层面,他们的学习速度比老师更快,学习能力比老师更强。因此,目前的师生意义已经发生了质的变化,的确达到了如韩愈在《师说》中指出的境界:"弟子不必不如师,师不必贤于弟子,闻道有先后,术业有专攻","无贵无贱,无长无少,道之所存,师之所存也"。

二、关于学习的远古比喻在今天校园里的复活

在"趋势文化设计"微信公众号里阅读到一篇文章《借助四种远古比喻,重构学习场景》,触发了我平时隐藏的发现。

文中说,学生在一个设计得好的空间能够体验四种学习模式——大卫·索恩伯格(David Thornburg)将此描述为"关于学习的远古比喻":篝火、水源、洞穴以及生活。篝火寓意一群人围在一起,听一个人讲故事,获得新知;水源寓意一群人朝着一个共同目标前进,一路上发生各种交流;洞穴寓意一个人在洞里反省思考;生活寓意把学到的知识去应用和实践。可见,这四种学习模式包含了完整的学习过程,即获得新知、合作交流、独立思考、实践应用。

一天中午，我吃完午饭后在校园里转了一圈，我从发现的现象中欣喜地看到了这四种学习方式，并且更多的是像"小先生制"一样的学习场景，这些场景里的每个人都保持着自由的学习热情，都成了彼此的知识传播者。

首先看篝火场景。除去常态的学生讲堂，在校园里的很多空间中，比如银杏树下的座椅上，大厅里的钢琴旁，图书馆后面的山顶上，水池边，会有一两个学生主持，其他学生认真倾听。这些悄然存在的情境，是一些去权威化的篝火场景，某些同学通过思考、观察、操作等行为提出一个好问题，激发同伴的好奇心，在此基础上大家展开讨论，讲述者就成了"小先生"，倾听者就是"学生"，沟通与合作也会随时发生。

其次看水源场景。我发现一些六年级学生围在一些石头前，我走近看，是老师组织学生在石头上进行绘画创作。有一群学生走进学校博物馆，我也跟随进去，原来他们邀请了党政办的老师来给他们讲解学校的红色文化历史，他们手里都拿着一张彩纸。我也拿了一张，内容是这样设计的：

历史之旅（地点：校史馆）

今年是毛主席为育英学校题词"好好学习，好好学习"70周年，请参观校史馆，记录你印象最深的一件事、一句话或一幅图，并说说为什么它让你印象深刻。

文化之旅（地点：图书馆）

穿梭在书架之间，哪一本书会在你的指尖停留？请在馆藏图书中挑选一本作为你本学期的阅读书目，并简单介绍一下这本书。

寻美之旅（地点：校园各处）

漫步京城最美校园，每一个不同角度，都有全新的风景。请用照片、图画、文字等形式记录你眼中的校园最美之景、文明之景。

健康之旅（地点：操场北侧篮球场）

文明其精神，野蛮其体魄。请在跳绳、投篮、跑步中任选一项，并记录下自己的成绩，在运动场上尽情挥洒你的汗水吧。

这样的活动或课程，其场景中是有目标的，学生个体能够在认同小组或团队目标及核心价值观的基础上，积极主动承担分内职责。教师参与其中，帮助学生建立深刻的情感链接，实现共同发展。学生在寻求水源的路上，每个人都有对话交往的机会，他们不仅要考虑如何解决问题，同时也要学会合作。

有条件的学校可以建设文化校史馆，创建非遗特色文化体验的连廊，利用走廊、架空层等灰色地带，与课程、文化连接，将原有的走廊打造成一处学习大街，利用架空层一角打造成放映厅、课程展示厅等，这些都是学生个人或团队寻觅水源的好地方。

再次看洞穴场景。在校园花园一角，你会发现有一两个学生在静静地读书；图书馆后面的座椅上，你会发现几个学生围坐在一起静静地做作业；在小溪旁，你会发现两个学生在聊天；在花丛里，你会发现有一个学生藏在里面，他们原来是在玩捉迷藏。当然，当走进图书馆里，你会发现更多的学生坐在某些角落里，正在全神贯注地读书，有的还在沉思。

洞穴是一个让人静心思索的地方。这些地方可以培养学生的各种思维能力，有助于帮助学习者更加积极主动地建构意义、解决问题、合理行动。相对"封闭"的洞穴空间，方便学生在此进行自主学习、独立思考，满足学生个性化的学习需求和情感需求。

在校园里，教育者应该有意设置类似的相对"封闭"或"半封闭"式的空间。在校园里一些地方安装座椅，甚至可以安排各类棋盘、模型、科技玩具等装置物品，创设可以安静阅读、绘画、实验、写字等的空间，建设动物园、花园、果园、树林、农场、水池、喷泉、小溪、瀑布等景观场域。这些地方变成了一个个的学习岛，即使是开放空间，也会成为学生的秘密"封闭"空间，因为这里的场景会深深吸引着他们来观察、思考，这些地方给学生提供个性化学习的场所，促进其深入探究。

最后看生活场景。生活是把学到的知识拿去应用和实践。在生活场景中，学生可以在其中获得极为丰富的学习体验，其个体能够参与并投入旨在产生新颖且有价值的成果的实践活动。不同于生活经验的获取，生活场景提供真实的学习情境，让学生参与并实际践行，强调培养学生的创新能力。

比如，利用公共区域为学生创新活动提供实践场所。创作实践区是学校开展实践活动的重要平台，学生可以根据自己的兴趣及特长，选择不同的主题进行项目式实践探究，帮助学生将无限的想象变为现实。跨学科学习区的设立可以充分激发学生学习和实践探究的主动性。通过劳动教育也能够带给学生"真实性"体验，让学生在劳动中学习，在劳动中成长。生活场景将与"真实"连接，鼓励学生敢想敢创，真知乐行。

九年级毕业班的同学们，在完成化学老师的项目化学习任务"改良土壤酸碱性"过程中，了解了土壤的酸碱性和土壤的肥力与植物生长的关系，亲手在校园里移植绣球花，并能够根据对绣球花花色的期待改良土壤，为最美校园的土壤改良留下宝贵经验。尤其是老师与学生一起动手把实验成果绣球花栽在学校的农场里，完成了学习与生活的对接，把这一系列行为上升到爱校、期待美好未来等有意义的教育元素上，可谓将知识转化为应用与实践的经典之作。

侯景皓同学还欣然作了一首《绣球花语赋》，读来让人感动又敬佩。这篇赋被刻在一块木质牌子上，放置在绣球花海的旁边，永远留在校园里。《绣球花语赋》原文如下：

春时雷动，欣欣向荣，植绣球之苗，望缤纷于道路；恰中考之时，期鲤跃于龙门。

瞻彼来时，蒙以养正，相从以类，教以成性。于斯园也，天清破晓，日耀明空，山楂树满，银杏枝摇。余音犹记，远思迢迢。忆往昔，白鸽迅羽争飞跃；念旧日，碧空佳景正逍遥。中秋夜雨，万千荧芒璀璨；寻宝乐游，三五同窗共招。问道路畔，风引万籁声动，知乐园中，岁寒三友相邀。同乐廊前曾记否："一两知己同品喜怒哀乐，三五好友共赴学海书山。"此团聚之花语，千帆竞渡，凝心聚力，共克难关。

寄余高志，临风雨，见虹霓。东风染卷，碧水涟漪。春雨点墨，晴云织衣。师言循循，书声琅琅。平身正意，笔墨书香。人情可怀，师恩难忘。朝披霞彩，夜游辰光。同行无阻，挑灯明芒。志学此际，莫负众望。九载韶光，不负年少；一朝风起，定上云霄！此希望之花语，不忘初心，砥砺前行，再创辉煌。寓吾学子，立惊涛，展鹏程，以心为境，以身鉴行，以目为镜，以音袭明。乘风破浪，继往开来。好好学习，关心社稷。修能养才，立德树人。勿忘校训，永忆师恩。大道无边，不惜朝暮；广汉无垠，共赴征途！此永恒之花语，师生共济，薪火相传，生生不息。唯吾校吾师之九载哺养，可昭育英风雅之正意，方吾国吾民之数代春秋，乃承中华崛起之长鸣。桃李天下，杏坛春风。百日誓师，万里前程。振心明意，文以记之。

三、心里有学生，哪里都是课堂

从以上介绍的课堂内外教育者有意设计的教育，从理解学习的四种远古比喻而发现的校园里的学习场景，我们都看到了"人人都是知识的传播者"理念的现场情境。这说明，当远古理念遇到了现代探索，教育竟然是如此的明媚，凡是尊重规律的实践，不管是古代的还是现代的、未来的，都是最迷人的。我们的学校教育应该有这样的敏感度和境界，为每一个学生创造条件和机会，人人都可以成为"小先生""小教授"。

写至此，我记起了曾经阅读过的郑英老师的一篇文章《心里有学生，哪里都是课堂》，其中的观点很好地解释了这种校园场景的意义。

教育，是一种"慢"的艺术，是一个"渐"的过程，需要文火慢炖，微雨渐润。

然作为育人主阵地的课堂，每节课只有40分钟，关于能力目标、情感态度与价值观目标，却难以"一课毕功"。

教育的许多契机躲藏在寻常又不起眼的细节里，假若教师有一颗敏感之心，且慧眼独具，能捕捉到这些契机，作为育人素材，那么即便不是在教室里，也不是铃声限定的40分钟内，也可视为一种广义上的课堂。

这样的课堂，不再囿限于一个空间，也不局限于一个时间，而是在辽阔的天地间，师生一起向着阳光明媚生长。从这个意义上讲，生活是本教科书，社会是个大教室，教师用心创设且助益了学生成长的，都是课堂。

　　这是尊重学生、以学生为本的教育思想，是师生、生生平等的具体表现。这种方式的学习能启发和解放学生的创造力，能发展学生的自主、合作和探究学习能力，利于学生反思调整，践行生活交往、社会体验与做中学的思想，做到学以致用，全面发展。

给教师的二十条教学原则

第一条：要有学科思维。要有学科思想，用学科术语说话，用学科思维做事，这是学科教学的灵魂，在教学设计中有了它的引领，预设的课堂就能生成精彩，就能利于学科素养的培养。要有课程观念，创造性使用教材，打通年级间、学段间、版本间的联系，把握学科核心与结构，建立大概念，与生活建立关联，创设真实情境，实现教材的校本化、师本化、生本化，应对新挑战，理解新体验。要有教育思想，化"教"为"学"，变"教学"为"教育"，有了先进的教育思想、先进的教育理念、殷殷的教育情怀，才能实现学科育人的使命。

第二条：要有读书习惯。思想不会自己生长，必须建立在博览群书的基础上，发展学习力。教师要养成读书的习惯，使读书如呼吸那样自然。要读人、读书、读生活，学会深度阅读与思考，弥除知行差距。要靠丰厚的学养积淀、扎实的专业知识，透视教育的本相，理解课堂的真谛，使自己的教育教学充满智慧。

第三条：要关注习惯养成。课堂上要关注每位学生的常规性、细节性习惯，重视站、坐、执笔、读书、提问、表达等基本习惯。要教会学生听课、记忆、联想、质疑、对话、合作、展示、反馈、归纳、演绎、评价等学习策略，制定并严格落实课堂常规，研发评价量规，给学生清晰且透明的评估要求，运用课堂评价工具，让学生学会使用自我评价、同伴互助评价，切实理解通过卓越标准达成学习目标。课堂开始与结束，要有仪式感，懂得对课堂的敬畏。

第四条：要学会倾听。教师要保持倾听，听学生的回答，听学生的质疑，听学生的思路，听学生的心声。指导学生学会倾听，倾听老师讲课，倾听他人的问答，学会等待，学会思考，学会尊重，学会宽容，学会联系。课上听课很重要，不是听结果而是听思路。学会边听边记，边记边思考。创设一种利于学习与反思的安全课堂环境。

第五条：要有讲的艺术。教师要用艺术性语言，唤醒学生参与课堂的热情。语言富有激励性且风趣幽默，要简练且轻声，节奏明快且恰当，抑扬顿挫有穿透力。竖起耳朵听，弯下身去领，用鼓励的眼神，支持学生尝试突破重难点，用适切的讲法，引导学生实现学习目标。课堂上，巧用奖励，慎用惩罚，学会正面管教，激扬正能量。让学生在面对有价值的挑战时，不断地看到自己努力的价值。

第六条：要学会追问。教师要关注学生的发言。要把握好问题设计、提问、候答、叫答、理答五个环节，问题设计应注意明确问题的类型与层次，增强问题设计的针对性；提问时要表述清晰、简洁，富有启发性，问题少而精；候答时要留有足够的时间并灵活启思；叫答时要尽量扩大学生的参与度；理答时注意澄清、追问、转问、悬置等策略的运用。依靠课堂核心问题，设计层层递进的问题链，在层层追问中，把聚焦点从展示转移到反馈上，实现思维进阶。

第七条：要追求"学习中心"。要构建"以学习者为中心"的课堂，尊重学生的差异，关注他们的不同需求。尊重每一个学生的人格，接纳每一个学生的试错，根据每一个学生的认知起点实施教学，真正做到因材施教。借助活动和评估将所学知识应用到新的情境和任务中，实时进行评价和调整，给学生创造元认知反思的机会，培养学生重新思考事物的能力。

第八条：要追求深度学习。在课堂上，追求的不是"发言热闹的课堂"，而是有理性和思考的互动学习，产生对话，有思维碰撞，有观念诞生，有流畅灵活的迁移，将所学知识和技能在有价值的任务或重要的真实情境中成功运用。避免虚假学习、浅表学习与被动学习的现象。

第九条：要有教学智慧。课不能仅仅写在备课本上，而要融化在头脑中，延伸到语言表达和肢体行为上，彰显在教育情感与智慧上。善于借助学习工具、教学支架，应用多媒体辅助教学手段，借鉴并用好"教案+三单（教案+预学单、助学单、固学单）"式教学设计策略，转变学生的学习方式。善于把握收放的时机，练就收放自如的本领。

第十条：要有独特的教学风格。课堂教学要有鲜明的教学理念，有自己的教学主张。教材理解、文本挖掘、教学设计等有独到见解，教学行为有独特风格。体现教师独特的审美情趣、思想倾向、思维方式乃至气质、性格、能力、修养等个性。

第十一条：要懂得教学相长。课堂是两代人共同成长的空间。相信学生，师生互学，教学相长，在生命交流中，敞开心扉，相互理解，相互接纳，发现问题，并善于寻找问题背后的逻辑与根源，形成一个"学习共同体"，与学生彼此成就，合作共赢。

第十二条：为学习而设计。真正的知识来自内心的理解，而不是得益于别人的传授。老师上课的任务是帮助学生生成能力。用自己的教学思想，读懂课标、读懂课堂、读懂学生、读懂文本，挖掘文本内涵，充分解读学情，精准确定学习目标，设计有思维深度的问题，依据问题创意设计任务活动，创造性运用各种教学资源，真正实现知识的拓展，促进学生创造力的发展。

第十三条：要有情感共鸣。教师必须是能把握情感的人，教学过程中形成多种多样的、多层面的、多维度的沟通情境和沟通关系。只有把自己的情感植入课堂，与文本、与学生产生共鸣，课堂才能"活"起来、"动"起来，才能展现课堂的魅力。课堂不单是学习知识的课堂，更是升华情感、培育人格的课堂。

第十四条：要相信学生。只有学生先学，才会产生疑问与顿悟。教师要做学习的支持者、组织者和陪伴者。在教师引领下，大胆赋予学生某些职责，让学生围绕着具有挑战性的学习主题，自主去寻找知识的奥秘，全身心积极参与有意义的学习过程，获得成功体验。不断给学生创造各种学习的机会，让学生拥有积极参与、选择课堂活动的权利，与老师共享管理课堂的权利。

第十五条：懂得整体设计。备课要依据课程标准，深研教材，才能做到基于大概念从整个学段、学期、单元和课前、课中、课后整体考虑，优化整合，做到全局考虑，追求教学评一体化设计理念与策略。

第十六条：关注思维过程。让思维可视化。课上交流，不仅仅是让学生把话说出来，还要让学生的智慧相互碰撞，让学生的情感自然流淌，让学生的思维可见，捕捉细微创新信息，生成精彩思维成果，发展学生的思维能力，培养学生的思维品质，促进学生全面发展，落实核心素养目标。

第十七条：要一辈子用心备课。课堂的高度不是拿笔写出来的，是教师用心在大脑中建构出来的。好的课堂是教师读书学习研究成果的自然呈现，体现了阅历与学养的创造性连接，是一辈子都在用心认真做准备的结晶。

第十八条：让学生去尝试。课堂教学就是"让学生心中有'数'"，教学目标要指向学生的"学"，具体而明确，言简意赅，启发深思，具有指向性，可操作，可评价，让学习看得见。课堂上让学生暴露问题，在任务驱动下进行针对性指导；尊重学生的兴趣、偏好、优势、贡献以及先验知识。做到以学定教、以评促教。

第十九条：相信你的魅力。课堂上要关注到每一人。教师的每一个眼神，每一个动作，看似微不足道，但有吸引力的眼神是缩短师生距离的桥梁，有亲和力和鼓舞性的体态语言是无声但有力的对话，会深深刻在学生的心目中和行为里。教师要注意上课的节奏、韵律，包括声调的抑扬顿挫。"爱的教育"是无声的春雨，点滴入心，沁人心脾。

第二十条：最美常态课。追求常态课精品化，用上优质课的思维与态度做好常态课的准备，全身心地投入教学设计当中。唯其如此，学生才能在课堂上互动、主动、能动，尽情绽放，才会生成高质量的最美课堂。

后 记

你当像蝴蝶飞在你的花丛里

由菲利普·W·杰克逊撰写、丁道勇翻译的《课堂生活》的封面上有一句话："教育进步的路径更像是蝴蝶的飞行轨迹，而不是子弹的路径。"这让我想起了我给一只降落在花丛里的蝴蝶拍照的情景。

我拿着照相机，小心翼翼地跟在一只蝴蝶后面的不远处，静静地等待这只蝴蝶落稳了，我摆好姿势准备拍照，结果蝴蝶突然飞向了另一边，等我又准备好了，它又飞向了前面，我跟着到了前面，正准备快速按下快门，它又飞向了后面。就这样跟着这只蝴蝶忽左忽右，忽前忽后，要么直线前进，要么曲线后退。想拍下一张理想的照片变得异常艰难。

做教师多年，习惯了开门见山地开场，单刀直入地言说，主动出击地行动。但是这只蝴蝶却给了我很大的教育，甚至是教训。这个场景多么像我的课堂生活：花丛就是教室，一簇簇花就是学生，那只蝴蝶就是我。课堂生活是复杂的，不可控的因素很多，有时会有很多偶然性的意外，即使有事先预设好的教学设计，也经常会交织着不可预知的生成，暴露出难以让人接受的问题。至今我还没有上过一节真正让我十分满意的课。

子弹运动的进程是迅速的，且有着精准的目标，意图是为了节省时间，完成更多所谓的内容，获得更高所谓的效率，这是我曾经常用的法则。而蝴蝶飞行的轨迹，目标是模糊的、不确定的，在其引导下的行为则呈现出不断进进退退，忽左忽右，忽上忽下，一段时间里它可能被前面的一朵花所吸引，另一段时间里吸引它的可能是旁边的一朵花，也可能是后面的一朵花。

回思自己从教近二十年亲自执教的课堂，也回顾自己作为教学管理者数十年走进其他教师的课堂，观察上千节各学科的教学，那只蝴蝶给了我灵感，让我悟出一个道理：教学的改进不是线性的、快速的、目标直接的路径，而像是蝴蝶在花丛中飞行一样，向前中可能掺杂着后退、左右，还有可能上下起落，但整体上仍是前进的。由此，我对奋斗在一线的教师的课堂生活产生了敬畏感，有三十年教学经历的自己，还有任职农村、城乡接合部、大城市多地各类学校的阅历，看到了数千名教师的辛勤付出与课堂持续改良的智慧，里面有永远不变的精神和原理，也有与时俱进的理念进化和策略升级。

不管是古代，还是现代，甚至是未来，牵扯到学校里的课堂生活，最为关键的要素无非是"教"与"学"，观点的争鸣，理念的转变，行为的改进，技术的参与，都离不开对待"教"与"学"之间的纠缠，即"教"为主，还是"学"为主，是并举，还是以其一为中心。

目前，大有呼吁"教"慢慢退隐的趋势，提倡以学生学习为中心，使学生成为学习的主体，而教师则是学习的引导者、支持者、设计者，甚至是学习的同伴和教练。如果想要把"教"和教师逐渐边缘化，我觉得这是不合适的。"教"与"学"谁为主取决于"教"的开放性和可能性，"教"的目的不仅仅是传递知识，还要能够唤起学生的生命自觉，授之以渔，即培养其诸多面向未来真实生活和复杂世界需要的能力、策略和观念。叶圣陶先生说的"教是为了不教"，是可以解读这一复杂运行规律的，还有《道德经》中的"不言之教"、《论语》中的"因材施教"、《学记》中的"教学相长"等先人典籍里的智慧，更可以启发我们对"教"与"学"之间关系的拿捏之道。我则最相信"教无定法，贵在得法"的道理。

"教"是教育必须捍卫的，它是教学行为的根本。现在提倡的"学"，应该是由"教"引起的，我认为，这一观点是化"教"为"学"的基础性前提。教育者学会"教"学习者"学"，将是学校教师要始终努力而为的行为，单纯争论"教"与"学"谁为中心没有任何意义。因此，化"教"为"学"比从"教"走向"学"表述更加准确。

"教学是知识的'交流'，是帮助学生在头脑中'再生'你头脑中的图像。不是复制，而是再描绘，不是灌输，而是再生成，从而让两个人都拥有共同的知识。"这是美国著名教育家、古典人文教育倡导者约翰·格里高利（John Gregory）所著《教育七律》这本书中对"教学"的定义。我觉得有一定道理。我反复阅读数遍，总结了其中七个教学定律的特点：

一律：教师定律——熟知，示范为本；二律：学习者定律——激发，兴趣为基；三律：语言定律——共通，明白为主；四律：课程定律——已知，联接为要；五律：教学过程定律——再生，唤醒为法；六律：学习过程定律——自主，赋能为上；七律：复习定律——重复，反馈为实。

本书共五章——善于化"教"为"学"、精于启"思"成"品"、惯于驱"评"促"改"、长于驭"术"优"艺"、明于尊"律"寻"理"，其内容并没有具体体现某一学科的深刻教学原理、思维逻辑和行为特征，更多是从课堂教学所秉持的观念、塑造的内涵、运行的办法、探寻的境界、遵循的原理出发，全面真实地再现了当前课堂教学的改革现状与追求，反映了广大教师孜孜以求的教学教研探索精神。因此，这些文章无不遵循以上七条教学定律，或是遵循其衍生出的更有效、更丰富的策略和方法。

我以一名教师和教学管理者的双重角色，通过沉浸式日常观课方式，体验学校教学理念的变化与发展，诊断中小学一线教师课堂中普遍存在的问题，发现课堂现场鲜活珍贵的教学经验和方案。每次观课后都经过与教师深度沟通与合作，方形成教学观察文章，借此探讨并帮助教师该如何遵循新课程标准理念，摒弃传统低效做法，践行"双减"精神，实现课堂提质增效，培育核心素养，落实学科育人。

需要强调的是，其中的理论借鉴了数位教育教学专家的文章和论著，在此衷心地向各位专家致谢！文章的特点是以问题驱动和经验提炼的方式，引领教师遵循教学规律，追求教学本质。文章里面的问题直抵一线教师痛点，其中的观点、经验是真实的，有实操性，语言流畅易懂，便于教师理解、学习。在此真心感谢文中所有提供课堂样本的老师们！同时，对于陈大伟、褚清源、田汉族、吴再柱、李玉民、袁方正、刘晨等几位专家和老师对我的关爱与支持，表示诚挚的谢意，是你们影响且鼓舞了我的心灵和生命不断地成长！

本书内容还体现了跨学科、跨学段特点，所观课堂时间跨度十年左右，涉及多所学校的新手教师、骨干教师和卓越教师，因此，适合学校教学管理者、一线教师和教学研究者阅读。对广大一线教师的教学设计、课堂改进和观课评课策略，以及学校管理者对教学的指导，均有针对性和实效性的借鉴意义。

可以说，本书内容为打造高质量样态课堂，全面提升学校教学质量，提供了新观念、新思路和新策略，是一本培养课堂教学高手、指导教师课堂改革、引领新课程标准理念在课堂落地的指南。

希望遇到本书的读者提出批评意见，指出完善建议。让我们一起像那只蝴蝶一样，飞在自己的课堂花丛里，充满着对教学的热爱，共同营建理想的、幸福的教学生活。

李志欣
2023 年 10 月 15 日